나는 65세에
인생 도전을 시작했다

KB192780

나는 65세에
인생 도전을 시작했다

최현정 지음

도서출판 **더로드**
The Road Books

시니어인 당신도 무엇이든 될 수 있고, 도전할 수 있다

"전문가가 책을 쓰는 것이 아니다. 책을 쓰면 전문가가 되는 것이다. 성공한 사람이 책을 쓰는 것이 아니다. 책을 쓰면 성공한 사람이 되는 것이다."

삼성맨에서 베스트셀러 작가로, 신들린 작가로 명성을 얻고 있는 김병완 작가의 말이다. 이 말처럼 작가는 태어나는 것이 아니라 만들어진다. 당신도 작가가 될 수 있고, 연예인이 될 수도 있고, 직장인, 모험가, 운동 선수, 화가, 가수가 될 수 있다. 중요한 것은 도전을 멈추지 않는 것이다.

무언가 뇌리를 스쳐 지나갔다. 어릴 적 꿈, 작가가 되는 것이었다.

'얘야 내가 너 나이만 되어도 무슨 일인들 못 하겠냐?'

7, 80세 어른들의 말씀이다. 그래, 내 나이가 어째서? 나이는 먹어도 마음은 아직 건강한 20대다. 30년간 일기도 써 보고 기도를 글로 쓰기도 했다. 65세는 시작도 하지 않은 나이다. 한번 해보자. 작가가 되보기로 마음먹고 그날 두시간 만에 서울행 고속버스에 몸을 실었다.

자식들에게 물려줄 수 있는 제일 큰 재산은 나이 들어도 포기하지 않고 새로운 삶을 살며 '나도 작가가 될 수 있다', '이 나이에도 도전할 수 있다'는 것을 보여주는 것이라 생각한다. 새로운 삶은 도전을 통해서만 가능하다.

마음이 가는 길을 따라 올라온 서울은 낯설지만 그래도 작가의 꿈에 나의 인생을 싣고 달렸다. 나는 30대에 《누가 내 치즈를 옮겼나》를 읽고 운명을 바꿨다. 똑같이 반복되는 삶을 잘라 버리기 위해 62세에 다시 교보문고를 찾았다. 그곳에 내가 찾는 책은 없고 이곳저곳을 두리번거리다 책 한 권을 들었다. 그 책에는 삼성 이건희 회장이 회사가 힘든 시절 '처자식만 빼고 다 바꾸어라' 하는 내용이 있었다. 이 문구가 내 눈앞에서 나를 강력한 기운으로 이끌었다.

'너는 언제쯤 변화되는 삶을 살 것이니?'

반복되는 삶 언제까지일까? 그날 이후 3년간 코로나 시절에도 직업을 그만두지 않고 버텨왔는데, 삶과 생활 직업 모두를 바꾸기로 했다. 다음날 난 사장님께 일을 그만두겠다고 말했다. 내가 찾는 새로운 삶은 어떤 것일까? 지금까지 살아 보지 않은 삶이어야 한다. 무엇이 나를 신나게, 즐겁게, 행복하게 만들까? 그것은 바로 새로운 도전이었다. 나를 위해 새로운 삶을 찾고, 새로운 도전을 하기로 했다.

'뒤에는 산, 앞에는 물이 흐르는 곳에서 무엇을 하며 인생을 즐길 수 있을까? 사람들 속에 섞이지 않고 일할 수 있는 게 무엇일까? 내가 무엇을 하고 살아야 자유로울까? 무엇을 해야 일의 기쁨을 누릴 수 있을까? 무엇을 해야 어디를 가서 살아도 자유롭게 한 곳에 고정해있지 않아도 될까? 나의 삶을 공유 하고 싶은데 무엇으로 공유할까?'

지금까지 40년간 요식업, 종교일 등을 해봤지만 모두가 같은 삶을 반복하지 않았다. 그럼 무엇이 즐거울까? 바로 새로운 도전이라는 결론에 도달했고, 그 새로운 도전이 필자에게는 책쓰기였다.

책 읽는 걸 좋아한다. 글 쓰는 것도 좋아한다. 꿈을 이룰지 못 이룰지 알 수는 없으나 작가 수업을 하는 곳을 찾아가 상담이나 해보자고 결심했다. 전문가가 되려면 공부를 하면 된다. 한번 해보자, 새로운 것을 배워 나도 전문 작가가 되어보자. 다른 사람도 하는데 나도 할 수 있다는 자신감을 가지고 한번 도전하기로 했다.

인생 60은 누구나 인생 고수며, 작가며, 화가며, 가수다. 60 인생을 온 몸으로 경험한 인생 고수들이다. 인생 고수는 태어나는 것이 아니라 만들어진다. 지금까지 살아오고 버틴 그 세월과 내공에 비하면, 새로운 인생 도전은 누워서 떡 먹기다. 인생 도전이 왜 시니어들에 필요할까? 필자가 인생 도전으로 책쓰기를 선택한 이유는 '시니어들은 남이 쓴 책을 읽는 것보다 남에게 들려줄 책을 쓰는 것이 더 자연스럽고 세상의 순리'라고 보기 때문이다.

이 책에는 '왜 65세에 인생 도전을 하기로 했는지, 도전을 하면 좋은 이유는 무엇인지 그 8가지와, 새로운 인생 도전을 위한 첫걸음 7가지 방법' 등을 담았다.

시니어라고 해도 누구나 새로운 도전을 할 수 있다. 인생을 그냥 낭비할 것인가? 다신 한 번 뜨거운 인생을 살아낼 것인가? 선택은 당신에게 달렸다. 행운을 빈다.

contents

제 1 장

왜 65세가 인생 도전을
시작했을까?

지구 구석구석은 기다리는 사람들로 가득하다.

자신이 마냥 기다리고 있다는 사실을 대부분은 모르며,
그 기다림이 헛수고라는 사실을 모르는 사람들은 훨씬 더 많다.
간혹 이들이 미명에서 깨어나는 예도 있지만, 사람들을 실제로
행동에 나서도록 해주는 사건은 너무 뒤늦게 찾아온다.
가만히 앉아서 기다리기만 하다가 왕성하든
젊음과 기운이 다 사라져 버린 뒤에 말이다.
그래서 많은 이들이 '뛰어올라야 하는' 그 순간
팔다리는 감각을 잃고 영혼은 너무 둔해졌다는 사실을 깨닫는다.
스스로에 대한 믿음을 잃어 영영 쓸모없는 존재가 돼 버린
그들은 혼자 중얼거린다.

"너무 늦어 버렸어."

_ 프리드리히 니체(Friedrich Nietzsche)

소중한 삶의 교훈이 있다

~~~~~~

소중한 삶은 교훈을 준다. 수십만 권의 책이 오늘 나와 친구가 되는 것은 최고의 행운이다. 서울시 강남구 삼성동에 있는 별마당 도서관에서 눈에 띄어 먼저 집어 든 책은 이지성 작가의 '꿈꾸는 다락방'이다. 2007년 5월에 저자가 출간한 책이다. 이때쯤 나는 책을 읽기만 하고 쓰지는 못했다. 이 책은 그때 나와 스쳐 지나갔지만, 수십 년이 지난 오늘 스스로 자책하게 된다.

그때 왜 작가가 되겠다는 생각을 하지 못했을까? 왜 새로운 인생 도전을 할 생각을 하지 않았을까? 책을 통해 만난 인연인 이지성 작가는 이후로 많은 책을 집필했고 전업 작가로 사는 삶을 살고 있다. 도전하지 않았다면, 그 어떤 미래도, 그 어떤 성공도 기대할 수 없다.

소중한 삶은 경험을 준다. 시작이 반인데 나는 너무 늦은 게 아닐까? 아니다. 그 어떤 때도 내일보다 이르다. 필자의 인생 도전은 책 쓰기다. 그렇다고 해서 모든 독자가 책 쓰기를 인생 도전으로 삼을 필요는 없다. 세상에는 인생 도전을 할 만큼 가치 있는 것들이 너무나 많고 다양하기 때문이다.

나는 65세에 새로운 인생 도전을 시작했다. 그것이 시니어 작가가 되는 것이다. 수년간 나는 운이 좋아 재테크 사업에 성공했었다. 사업도 잘 풀리는 계절이 있다. 돈의 무게를 감당해 본 적 있는가? 물질적 축복을 받기 전에 돈 관리법을 알았으면 좋았을 텐데, 나는 돈 관리법을 배우지 못한 상태에서 수십억을 벌었다. 그러나 돈을 벌었어도 나의 재정 관리법은 부족했다.

어쨌든 돈 관리를 제대로 하지 못해서 나는 돈의 무게에 눌렸고 힘들었지만, 돈이 주는 교훈은 배웠다. 나는 새로운 꿈, 작가의 삶을 선택했다. 내가 작가를 선택한 이유는 자연과 만물이 주는 특혜를 담아 사람과 마음을 조합해 아름다운 글을 만들어 내고 싶었기 때문이다.

작가는 세상을 책 속에 담아 글을 쓸 수 있다. 시니어인 내가 가장 행복한 일이 무엇일까? 마음과 정신이 가장 행복해하는 일이 무엇일까? 지금까지 내가 하지 않은 일 중에 나에게 꿈과 희망을 줄 수 있는 것은 무엇일까? 나는 시니어 작가가 되는 것이 가장 보람되고 행복한 일이라 생각했다. 이것이 나의 마지막 선택이다.

소중한 삶과 인연은 작가가 되게 한다. 책을 만나면 그 책의 내용과 소통하고, 독자의 방향 감각을 잡아 응용했으면 좋았겠지만, 나는 그냥 책만 읽고 지나쳤다. 15년이 지난 후 다시 그 책을 만났을 때, 너무 늦지 않았을까 염려가 되기도 했다. 그때는 내 것으로 받아들이지 못하고 작가가 가는 방향의 흐름을 타지 못했지만, 수년이 지난 지금 소중한 삶은 글이 되었고 책이 되었다. 시니어가 책을 쓰는 작가가 되는 것은 좀 의아해 보일 수 있겠지만, 인생이 남긴 소중한 것은 바로 책이다.

다시 이 책을 만나니 수십 년 만에 책을 보고 느낀 감정과 지금 시니어가 되어 같은 책을 읽어도 느낌이 다르게 다가온다. 그리고 친구를 만난 것처럼 낯설지 않았다. 소중한 삶은 좋은 사람과도 인연이 된다. 사람과의 인연도 그냥 만난 것이 아니듯, 인간과 책이 주는 인연 속에서 나는 소중한 삶을 글로 만들어 책을 쓴다. 지나간 삶이 지나갔음에도 과거를 붙잡고 책을 쓸 수 있는 것이 작가의 삶이다.

사람마다 소중한 삶이 있다. 그것은 물건이 아니고, 좋은 것을 주고 싶은 것이다. 그것이 삶이 나에게 남긴 미완성된 글감이다. 인생은 많이 알아갈수록 좋은 것이다. 작가가 되고 싶은 사람은 언젠가는 반드시 작가가 될 것이다. 그것은 그의 마지막 인생 직업이니까. 당신에게 작가의 운이 흐를 때, 빨리 올라타라. 시간은 당신을 위해 멈추지 않고 흘러간다. 인생에는 전환점이 있다. 본인은 그것을 알아차린다. 그러나 흘려보내는 사람도 있고, 그 흐름을 잡아 함께 달려가는 사람도 있다. 소중한 삶은 소통하고 함께 간다.

나는 봉사의 삶을 정하고, 나의 인생을 담아 열심히 앞만 보고 달린 세월이 수십 년이었다. 그러던 어느 날, 나의 주변 사람들은 모두 나보다 돈도 많아 보였고, 더 좋은 자동차, 더 좋은 집, 더 나은 환경에서 사는 것이 눈에 띄게 보였다. 하지만 그때 나의 생활 환경은 너무나 빈곤하고 초라했다.

종교인 한 분의 말이 떠오른다. 그분이 알고 있는 한 목사님이 한 말이라고 한다. 어느 목사님이 일생을 하늘의 일만 하고 봉사만 하여 죽을 때가 되었다. 그분은 신께 자신의 삶이 왜 이렇게 빈곤하고 초라하게 되었는지 기도하며 물었다.
"신이시여, 어찌 저의 일생을 당신을 위해 다 바쳤으나, 저의 인생은 이렇게 초라합니까?"

"네가 나한테 단 한 번도 너 자신을 위해 달라고 한 적이 없었다."

"저는 고하지 않아도 알아서 채워주실 줄 알았습니다."

"어린아이일 때만 부모가 알아서 채워주는 것이다. 어른이 되면, 달라고 기도하지 않으면 주지 않는다."

목사님은 자신이 일평생 기도하지 않아 초라하게 살았다는 사실을 알게 되었다. 신이 알아서 주는 것이 아니라, 내가 달라고 하지 않으면 주지 않는 것이다. 그래서 나도 신께 달라고 기도했다.

"신이시여, 저는 저의 청춘을 바쳐 당신의 일을 도왔습니다. 저의 인생은 모두 당신이 원한 일과 도움이 필요한 사람을 위해 일했습니다. 그러나 지금 저는 빈곤하고 초라하여 더는 일할 수 없게 되었습니다. 수십 년간 공무원처럼 일했으니, 저의 재산을 정산해 주십시오."

나는 수십 년 봉사한 것에 대해 공무원처럼 퇴직금을 달라고 요구했다. 매달 300만 원과 연금, 그리고 퇴직금을 요구하며 55세를 정년퇴직 날로 정했다. 신은 2년 후 나의 소원을 들어주었고, 요구한 것보다 10배를 더 주었다. 당신도 신께 기도하되, 필요한 것을 조목조목 적어서 고해야 한다. 2년이 지난 어느 날, 가까운 사람을 통해 축복이 연결되었다. 이후 몇 년 동안 축복이 넘치도록 채워졌다.

　나는 성경을 50번 읽었다. 신에게 대가를 요구하기 전에, 당신의 지갑을 키워라. 당신의 품삯이 10억 원의 가치라면, 100억 원이 들어갈 지갑을 키워야 한다. 돈이 일하게 해서 매달 돈이 돈을 벌어오게 하는 공부도 나중에 필요하다. 그러니 반드시 해라.

　먼저 나 자신을 보여주고, 내가 하는 일을 사람들이 필요로 하게 하며, 나와 함께 일하는 사람을 복제하는 것도 당신이 일을 만들어 내는 창조자가 되는 길이다. 돈의 무게를 감당해야 내 돈을 지킬 수 있다. 돈이 나를 위해 일하게 할 수도 있다. 돈 관리도 사람 관리와 같다. 소중한 나의 삶은 글이 되어 책이 되고, 당신의 삶도 스스로 창조하고 개척하여 당신의 삶을 글로 만들어 책 쓰는 작가가 되어라.

　당신에게도 필자와 같은 소중한 삶의 교훈이 최소한 하나 이상은 있지 않은가? 구슬이 서 말이라도 꿰어야 보배라는 말이 있다. 당신의 이야기도 책으로 써야 그것이 보배가 되는 법이다.

시니어는 모두가 철학자이다

~~~~~~

우리는 상상하면 실제로 꿈이 현실이 된다. 어렵던 시절, 나는 나폴레옹 힐의 책을 읽으며 큰 위로를 받았다. 특히, 그의 초기 작가 생활이 궁금했다. 만약 내가 작가가 된다면, 나도 나폴레옹 힐처럼 되고 싶었다. 그가 주제를 만드는 과정, 집필 과정, 투고와 출간 과정에서 어떤 고난을 겪었는지 알고 싶었다. 어느 날, 그의 책부자 수업에서 유명한 작가도 책 주제를 찾기 위해 몸부림쳤다는 이야기가 나를 크게 격려했다.

당시 출판사는 책 제목이 대중의 이목을 끌 만한 멋진 제목이라고 생각하지 않았다. 그들은 백만 불짜리 새로운 제목을 원했다. 출판사 대표는 매일 힐에게 새로운 제목을 달라고 재촉했다. 힐은 500~600개의 제목을 고안해봤지만, 어느 것도 마음에 들지 않았다. 그러던 어느 날, 출판사는 최후통첩을 했다.

"마지막으로 내일까지 제목을 만들어 주세요. 그렇지 않으면 우리가 만든 제목을 쓰겠습니다. 저희 제목은 '머리를 써야 떼돈을 벌 수 있다'입니다."

힐은 크게 당황했다.

"맙소사! 품격 있는 책에 그런 경박한 제목이라니요? 그 제목은 저와 책 모두의 신뢰를 손상할 겁니다."

그러나 출판사는 강경했다.

"어찌 됐든 내일 아침까지 더 나은 제목을 주지 않으면 그 제목을 사용할 것입니다."

그날 밤, 힐은 침대에 앉아 잠재의식과 대화를 시작했다.

"오랜 친구야, 우리는 지금까지 많은 길을 함께 걸어왔지. 오늘 밤 나에게 백만 불짜리 책 제목이 필요해. 도와줄 수 있겠니?"

힐의 목소리는 너무 커서 위층에서 시끄럽다고 항의할 정도였다. 그는 간절하게 제목을 달라고 기도했다. 반드시 백만 불짜리 제목이어야 한다고도 강조했다.

새벽 2시가 되었을 때, 마치 누군가가 힐을 깨우는 듯한 느낌에 잠에서 깼다. 그리고 머릿속에 책 제목이 불현듯 떠올랐다. 탄성이

절로 나왔다. 그는 급히 타자기로 달려가 제목을 적었다. 그리고 출판사 대표에게 전화를 걸었다.

"무슨 일입니까? 시내에 불이라도 났습니까?"
새벽 2시 30분이었으니 그가 그렇게 말할 만도 했다.
"백만 불짜리 제목이 떠올랐습니다."
"한번 들어보죠."
"놓치고 싶지 않은 나의 꿈, 나의 인생."

힐의 간절한 기도는 결국 미국에서 2,300만 부가 팔리고, 그가 죽는 날까지 1억 부 넘는 판매량을 올린 베스트셀러를 탄생시켰다. 내가 작가가 되고 싶은 이유는 나폴레옹 힐처럼 독자에게 영감을 주는 멋진 작가가 되고 싶기 때문이다. 물론 우리가 모두 2,300만 부가 팔리는 베스트셀러를 쓸 필요는 없다. 2~3만 부만 팔리는 책을 목표로 삼는다면, 부담도 훨씬 줄어들 것이다.

시니어는 모두 철학자이다. 긴 세월을 살아오면서 삶의 깊이를 체험했고, 크고 작은 선택 속에서 자신의 길을 만들어왔다. 어린 시절에는 모든 것이 새롭고, 인생의 의미를 묻기보다는 눈앞의 일들을 해결하는 데 집중했다. 그러나 나이가 들수록 삶의 본질에 대한 고민이 깊어진다. 이것이 바로 철학자의 길이다.

시니어들은 인생의 고비와 성찰을 통해 자연스럽게 삶의 철학을 만들어간다. 그들이 경험한 성공과 실패는 단순한 사건이 아니라, 인생의 교훈이 되어 자신만의 철학적 기초를 마련해준다. 각자의 인생을 되돌아보며, 왜 살아야 하는지, 어떻게 살아가야 하는지에 대해 끊임없이 묻는다. 이러한 질문에 대한 답은 누군가에게는 삶의 방향을 제시하고, 또 다른 이에게는 위안과 용기를 준다.

삶이 던져준 도전과 시련은 결국 철학적 성찰로 이어지고, 그들은 세상을 바라보는 눈이 달라진다. 시니어들은 이 철학을 통해 새로운 꿈을 꾸고, 그 꿈을 책으로 풀어내며 인생 후반기를 더욱 의미 있게 만들어갈 수 있다.

기원전 3000년경 에메랄드 서판

〰〰〰〰〰〰〰〰〰〰〰〰〰〰〰〰〰〰〰〰〰〰

"이 법칙의 핵심은 당신이 반드시 풍요를 생각하고, 그리고, 느끼고, 믿어야 한다. 부족하다는 생각이 마음에 들어가지 못하게 하라."

_ 로버트 콜리어

내가 원하는 삶을 만들어 살아라. 노동하면서도 자기의 일을 할 수 있다. 나 역시 노동을 하며 나만의 일을 할 방법을 찾았다. 그러면서 정신이 강해졌고, 육체적인 일도 더 나은 차원으로 바꿀 수 있었다. 그래서 지금 작가로서 글을 쓰고 있다.

"아무리 초조한 노동자라도 마음만 먹으면
막대한 재산을 모을 수 있다."

_ 앤드루 카네기

시니어도 상상하면 이룰 수 있다. 나이가 들면 연륜이 쌓인다. 젊은 사람보다 시니어가 유리한 점도 많다. 무엇보다 시간이 많고, 구속받지 않기 때문이다. 하지만 많은 시니어가 자신을 위한 시간을 만들지 못하는 경우가 많다. 계모임, 동창 모임 등 수많은 모임에 얽매여 자유로운 시간이 부족해진다.

젊을 때는 아이를 키우느라, 중년에는 직장에 매여 지내지만, 시니어가 되면 다양한 모임에 갇혀 지낸다. 자기 통제와 자신만의 시간을 확보하지 않으면, 인생의 후반부는 수다로 가득한 무형의 삶으로 끝나버릴 수 있다. 그러나 시니어가 되어서야 비로소 가능한 일들이 있다. 당신의 상상력을 깨워라. 그래서 당신도 작가가 되어라. 20대 초반의 마음으로 상상하며 살아가라.

"모든 힘은 우리의 내면에서 나오고,
따라서 뜻대로 통제할 수 있다."

_ 로버트 콜리어

오늘부터 당신의 시간과 인생의 초점을 고정하라. 그리고 마음속에 정한 나이에 멈춰 살면 더디 늙어진다. 당신은 나이를 먹지 않는다. 언제나 20대의 나이에 머물러 있는 듯 살아가라. 변하는 것은 자연과 만물뿐이다. 매일 해가 뜨고 지며, 달이 뜨고 진다. 시간은 계속해서 돌고 돌 뿐이다. 시간은 12시간씩 반복되고, 매주 7일이 반복된다. 1년은 12개월로 나뉘고, 해가 바뀔 뿐이다. 하지만 왜 해가 바뀌면 나이를 먹는다고 생각하게 되었을까?

연도의 숫자만 변할 뿐, 모든 것이 반복되는데 왜 사람들은 나이를 먹으면 죽는 날이 가까워진다고 느끼는 것일까? 나이가 든다고 해서 성장이 멈춰야 할까? 나이가 들면 편히 쉬는 것이 당연하다고 여기는 것은 잘못된 인식이다. 당신이 정한 나이에 마음을 고정한다면, 당신은 그 나이에 머물며 삶의 주인공이 될 수 있다. 나 역시 23세에 마음을 고정하고 살다 보니, 젊음을 유지할 수 있었다.

당신은 자유롭다. 나이와는 상관없다. 지금부터 당신의 생각을 바꾸어라. 20대의 청춘에 마음을 고정하고 살아가라. 가능하다. 사람도 자연의 법칙처럼 자동으로 작동되며, 식물처럼 잘 관리하면 건강하게 오래 살 수 있다. 사람의 마음이 늙어지면 신체도 늙어진다. 정신을 고정하고, 조경 나무를 가꾸듯이 관리하면 된다.

시니어가 되면 꿈, 희망, 목표 등이 늙어가는 것과 함께 동반되기 쉽다. 그러나 젊은 마음으로 살아가면 행동도 빨라지고, 늙었다고 생각하며 살아가면 아무것도 생각나지 않는다. 이는 오래된 과거의 기억이 뇌에 가득 차서 새로운 것을 받아들이지 못하기 때문이다. 뇌 속의 불필요한 쓰레기를 청소하는 것부터 시작하라.

영화 '빠삐용'을 보라. 그는 수년간 탈출이라는 목표 하나로 꿈을 꾸었고, 결국 그 꿈을 이루었다. 목표와 목적을 포기하지 않으면 반드시 이룰 수 있다. 당신이 목표를 세우는 순간, 당신의 영혼은 상상의 경호원이 되어 당신을 돕는다. 지금 어려운 상황에 부닥쳐 있다고 해서 낙담하지 마라. 당신도 다시 일어서는 방법이 있다.

먼저, 자신의 뇌를 청소하라. 필요 없는 것 70%를 제거하고, 희망하는 목표를 설정하라. 하루 중 기도하기 좋은 시간을 정해라. 그 시간에 매일 기도하고, 상상하라. 당신의 기도와 상상을 녹음해도 좋다. 정신과 마음으로 먼저 기도하고 상상하라.

우리의 마음에 부정적인 씨앗이 뿌려지면 긍정적인 씨앗이 몰살된다. 긍정적인 생각은 태양과 자연의 법칙에 따라 존재하지만, 부정적인 생각이 마음을 차지하면 암흑과 같아진다. 부정적인 생각을 자주 하면, 해골처럼 앙상해질 뿐이다. 지금 당장 부정적인 생각을 제거하라.

오직 긍정만을 생각하라. 태양 아래서 긍정적인 에너지를 받아, 긍정이 자유롭게 활동할 수 있게 하라. 그러면 당신의 얼굴도 빛나고, 젊음의 활력이 넘치며, 세포가 살아나서 당신의 삶이 더 기쁨으로 가득 찰 것이다.

얼마 전, 뒷산의 100년 된 소나무를 다 잘라버렸다. 땅 주인이 바뀌어서 그렇다. 곡식을 심기 위해 나무를 제거한 것이다. 아무리 좋은 땅도 쓸모없는 잡초와 나무를 제거하지 않으면 소용이 없다. 당신의 영혼도 불필요한 것을 제거하고 용도 변경해야 한다. 시니어의 작가 되기도 그와 같다.

당신이 할 수 있는 일에서 주연이 되어라. 수백 년 된 고목도 꽃을 피운다. 나무의 꼭대기뿐만 아니라, 옆 가지나 뿌리 근처에서도 새순이 난다. 당신이 꿈을 포기하지 않는다면, 고목에서도 새순이 돋아날 것이다. 당신도 인생의 늦은 봄날을 맞이할 것이다.

가장 중요한 것은 많은 수익이 아니라, 새순이 돋아났다는 그 자체이다. 시니어로서도 성장을 이룰 수 있다는 그 사실이 더 행복감을 준다는 것을 기억하라. 시니어의 책 쓰기도 마찬가지이며, 모든 인생 도전이 그렇다. 책 쓰기뿐만 아니라 새로운 인생 도전은 모두 마찬가지다. 모든 인생 도전은 새로운 씨앗을 심는 것과 같다.

경제적 도움이 된다

~~~~~~

베스트셀러란 '가장 잘 파는 사람'이라는 의미에서 유래해 '많이 팔리는 책'이라는 뜻으로 발전한 단어다. 1897년 미국의 문예 잡지에서 처음 사용되기 시작해 널리 알려졌다. 국내에서는 1954년 정비석 작가의 현대소설 자유부인이 대한민국 최초로 10만 권 이상 판매되면서 '베스트셀러'라는 말을 사용했다. 1900년대 이후 현재까지 가장 많이 팔린 단행본은 프랑스 작가 앙투안 드 생텍쥐페리의 동화 어린 왕자로, 세계에서 2억 부 이상 판매되었다.

시니어가 책을 쓰면 경제적 자유를 얻을 수 있다. 당신이 40년간 꾸준히 책을 읽고, 생각하고, 쓰고, 요약하며 메모해두면 그것이 당신의 자산이 될 것이다. 작가가 되면 경제적 자유를 누릴 수 있다.

책 판매 수익은 다음과 같다. 인세는 도서 정가의 약 8% 수준이며, 소설이나 전문 작가는 10% 수준이다. 분야에 따라 다르지만, 보통 8~10%가 일반적이다. 예를 들어 인세 8%로 계산했을 때, 10만 부가 판매되면 저자는 얼마나 벌 수 있을까? 도서 가격이 15,000원이라면, 인세는 한 권당 1,200원이므로, 10만 권을 팔았을 때 대략 1억 2천만 원의 인세를 받을 수 있다.

지금 50대는 앞으로 70년을 더 살아야 한다. 그래서 시니어에게 책 쓰기는 적합한 도전이다. 세계 최고령자로 알려진 인물들을 보면, 중국의 세이티 할머니가 131세, 위구르족 할머니가 126세, 브라질 할머니가 125세에 달한다. 이제 100세는 청춘이다. 당신의 마음에서 나이를 지워라. 시니어는 인구는 계속 늘어나지만, 돈을 벌 기회는 점점 줄어들고 있다. 100세 시대이지만, 130세까지 사는 사람도 있다.

시니어인 나도 책을 쓴다. 내가 책을 읽고, 책을 쓰는 이유는 시니어도 책을 쓸 수 있다는 희망을 보여주기 위해서다. 주변에 많은 전문가가 있지만, 책 쓰기는 새로운 시작이다. 새로운 도전은 두렵기 마련이다. 하지만 시니어인 나도 글쓰기에 도전하여 작가가 될 수 있음을 보여주고자 한다. 시니어인 내가 책을 쓸 수 있는데, 세상에 나보다 못한 사람이 있을까? 사실, 모두 나보다 학력이 높다.

내가 책을 쓰는 이유는 시니어가 책을 써서 나라에 도움이 되는 국부가 되고, 사회에 이바지하는 스승이 되길 바라기 때문이다. 내가 먼저 책을 쓰고, 그 내용을 실천해 보고 있다. 1년간 실천해 본 결과, 사람들이 "젊어졌고, 달라졌으며, 얼굴이 좋아졌다"라고 칭찬한다.

삶의 주인공이 되려면 시대의 흐름을 읽어야 한다. 세상은 많이 달라졌다. 작가가 되려면 스스로 공부하고 나쁜 마음을 버려야 한다. 그래서 모든 사람이 작가가 되기를 바란다.

시니어인 당신도 젊었을 때 책을 많이 읽지 못했을 것이다. 그러나 이제는 시간이 많다. 노동하던 때처럼 책을 읽고 글을 쓰면 경제적 자유를 얻을 수 있다. 당신의 경험을 바탕으로 글을 쓰고, 그 글을 통해 경제적 자유를 누릴 수 있다. 작가는 자신의 삶을 이야기로 풀어내는 사람이다.

작가는 학교 다니는 것처럼 책을 읽고, 읽은 것을 메모해두자. 좋은 것은 베끼고 편집하고 자기화하여 책을 만든다. 위와 같은 것이 기술적 천재 작가이고 이런 단계의 작가들은 이미 전문 작가다. 모든 삶에서 어떤 형태든 글을 만들어 낸 전문 작가다.

"한번 작가는 영원한 작가다. 글을 쓰던, 쓰지 않던 작가다."

스스로 스승이 되어라. 그것이 바로 책을 쓰는 일이다. 호랑이가 죽으면 가죽을 남기듯, 당신은 책을 통해 이름을 남겨라. 지금부터 독서와 글쓰기를 생활화하면 기술과 실력은 점점 향상될 것이다.

시니어인 당신을 사회나 집에서 채용하지 않는가? 그렇다면, 남은 삶은 어디에서 찾아야 할까? 당신이 지금까지 쉬지 않고 70년을 일했다면, 그것이 당신의 재산이다. 그 경험을 글로 풀어내라.

영국 부자 켈리 최도 한국에서 시작된 꿈은 일본에 가서도 그 꿈이 채워지지 않았다. 그는 프랑스로 갔다. 그는 꿈을 이루기 위해 열심히 살았다. 그러나 본인이 아닌 다른 사람과 동업하고 동업자와 최선을 다했지만 결국은 사업이 실패했다.

그 후 10억의 빚을 짊어졌다. 너무 빚이 무거워 지탱할 수가 없었다. 그런 후 죽을 생각도 했다고 한다. 우울증도 걸렸다. 최고로 살다가 바닥까지 떨어졌다. 무거운 빚을 젊은 나이에 2년이나 지고 있었다. 하지만 켈리는 이런 나의 모습을 엄마가 본다면 하는 생각에 정신을 차렸다. '엄마를 실망하게 할 수는 없어' 하며 주저하지 않고 맨몸으로 다시 시작했다.

그는 결심했다.

" '나' 켈리는 오늘 죽었다. 나의 인생은 엄마의 것이다. 나는 오늘부터 엄마를 위해서 살아야겠다."

켈리는 2년 만에 거울을 보게 되었다. 자신의 모습을 보고 충격을 받았다. 비대한 몸매를 보고 놀란 것이다. 그는 그날부터 걷기 시작했다. 걷다가 뛰기 시작했다. 그 후 취직하려고 하였다. 그러나 조건이 맞지 않아 취직이 안 되었다. 40세 이후에 빚을 졌다. 켈리는 취직이 안 되어 결국 사업을 시작했다.

취직이 안 돼서 본인이 사장이 되었고 끈기 있는 정신과 노력하는 근면이 바탕이 되었기 때문에 성공할 수 있었다. 엄마를 위해서 다시 시작한 삶이다. 엄마에게 실망을 주기 싫은 마음, 그것이 사랑이다. 이것이 그의 전부인 재산이다. 그는 자신의 정신을 팔아 성공한 것이다.

그는 상상을 초월한 성공을 거두게 되었다. 그는 계속 창조적인 일들에 도전하며 성장을 멈추지 않고 계속 진행하고 있다. 왜 이런 이야기를 했을까? 켈리는 엄마를 위해 최선을 다했더니 부자가 되었다. 타국에서 켈리가 무에서 유를 창조해 냈다. 우리 시니어도 마음만 먹으면 작가가 될 수 있다. 책을 써서 경제적 자유인이 되

자. 기생충 영화가 세계적으로 유명하게 된 것도 흙수저의 삶 이야기이기 때문이다. 흙수저 가족이 뭉치니까 가능했다.

그렇다. 그들이 원한 것은 간절함이다. 우리 시니어가 가진 것은 바로 이것이다. 나부터 시작하자. 오징어 게임도 금수저와 흙수저의 게임이다. 금수저는 돈을 걸었고 흙수저는 목숨을 걸었다. 시니어는 인생을 걸 수 있다. 그것도 마음껏 말이다. 어떤가? 실패해도 밑져도 본전이다.

나라를 위해, 가족을 위해, 시니어인 당신이 먼저 일어서라. 시간의 주인은 바로 당신이다. 무엇을 망설이는가? 할 일이 없다고 불평하지 마라. 돈이 없다고 불만을 품지 마라. 시골에서는 괭이 한 자루, 호미 한 자루 들고 논두렁을 둘러보면, 일하는 사람의 논이나 밭에서 일을 도와주면 밥 한 끼라도 대접받고 온다.

그러나 지금은 도심에 논밭이 없다. 그렇다면 서점이나 도서관에 가라. 그곳에서 책을 읽다 보면, 언젠가 당신도 독자에서 작가로 거듭나 있을 것이다. 한국인은 끈질기다. 한국인은 진돗개 같은 기질을 가지고 있다. 김밥 CEO 김승호 회장과 영국 초밥 CEO 켈리 최는 그 대표적인 예다. 이들은 수년 만에 수천억 자산가가 된 한국인들이다.

당신도 경제적 자산가가 될 수 있다. 그들의 정신과 삶을 본받아라. 한국인이 마음먹으면 할 수 있다는 것을 보여준 실화의 주인공들이다. 이들의 이름을 유튜브에서 검색해보라. 그들도 했다. 시니어인 당신도 할 수 있다. 작가가 되기 어려우면 작가 학원에 다녀라. 돈이 없어서 포기하지 말고, 절약해서 돈을 모아 작가 교육을 받아라. 학원에 투자하면, 돈이 아까워 열심히 공부하게 될 것이다. 무엇이든 시작이 중요하다.

부자가 되려면 부자 옆에서 부자가 되는 공부를 하고, 작가가 되려면 작가 옆에서 배워라. 너무 계산만 하면 아무것도 못 한다.

이제부터 책 쓰기를 통해 사회로부터 인정받는 시니어가 되자. 우리의 삶을 글로 써서 팔고, 정신을 팔자. 한국인의 삶을 세계로 글로 전파하자. 강대국인 한국을 모르는 나라는 없다. 한국의 시니어인 당신이 한 번 더 움직여 보자.

시니어들, 당신들이 열심히 살아온 덕분에 대한민국은 70년 만에 세계 강대국으로 성장했다. 우리 민족은 강한 정신력을 가지고 있다. 낮에도, 밤에도 쉬지 않고 일하는 부지런한 나라다. 나라를 일으킨 시니어들, 당신들이 먼저 일어나서 다시 도전하자. 작가 학교에 입학해 6개월만 공부해 보라. 배운다면, 당신도 작가가 될 수 있다. 작가가 되는 것이 중요하다.

작가는 죽을 때까지 일을 계속할 수 있다. 5년간 작가로 살아 보자. 당신도 할 수 있다. 늦지 않았다. 희망과 꿈의 뿌리가 살아 있으면 된다. 한 번 더 생각하고, 지금부터 당신의 꽃을 직접 피워라.

이제 당신에게 남은 시간은 재산이다. 그 시간과 정신만 있으면 된다. 바로 지금 실행해라. 당신 인생의 꽃을 피워라. 삶이 바로 재산이다. 깊을수록, 높고 넓게, 오래 유지된다. 그것이 바로 책 쓰기다. 도전하라. 책 쓰기를 통해 당신은 경제적 자유를 얻을 수 있다.

당신이 지금까지 쉬지 않고 70년을 일해왔다면, 그 자체가 당신의 재산이다. 당신의 삶이 바로 당신의 인생이다. 그 누구도 돈으로 살 수 없는 소중한 자산이다. 당신만이 쓸 수 있는 이야기를 책으로 만들어 돈을 벌 수 있다. 그것이 바로 책 쓰기다.

이제 노동의 시대는 지났다. 경쟁의 대열에 서기도 어렵다. 그러나 당신이 살아온 삶은, 시간이 지날수록 긍정의 열매를 맺으며, 당신을 더욱 기쁘고 행복하게 해줄 것이다. 당신 인생의 마지막 졸업장이 '작가'였으면 좋겠다.

나이가 들면 읽기보다 써야 한다

~~~~~~

살아온 삶보다 남은 삶을 어떻게 살아갈지 고민하게 된다.

시니어는 삶에서 가졌던 것들을 하나씩 내려놓아야 한다. 세상은 모든 것이 급속히 변하고 있다. 옛것을 지우지 않으면 우리의 뇌는 변화된 세상을 받아들일 공간이 없다. 수십 년 동안 습관처럼 이어져 온 필요하지 않은 것들은 이제 모두 지워야 한다. 시니어가 되면 신시대의 변화에 뒤처지기 쉽다. 지금의 새로운 것들을 배우느라 바쁘다. 당신도 새로운 현실에 적응하며 배워야 할 것들이 있다. 시니어가 될 때까지 당신 이름으로 누려왔던 모든 것을 이제는 내려놓자.

사회에서 졸업하면 다시 가정으로 돌아와야 한다. 가정이 낯설 수 있지만, 당신의 소중한 사랑은 여전히 당신 안에, 그리고 가족 안에 있다. 서울 현대건설 본사에 1950년에 심어진 기념수가 있다. 그 나무는 77년이 되었고, 높이는 아파트 7층 정도인 20미터에 이른다.

그 나무를 보며 생각이 들었다. '아, 시니어 77세와 비슷하구나.' 오래된 나무껍질은 겹겹이 쌓여 속살을 만질 수 없다. 시니어의 고정관념도 그 나무껍질처럼 두껍게 쌓여 있다. 하지만 나무와는 달리, 시니어는 자신의 고정관념을 벗겨낼 수 있다. 사랑하는 이웃이 당신에게 다가오기를 원한다면 마음을 조금이라도 열어야 한다.

또한, 당신이 가까이 가고 싶은 사람에게도 마음을 열고 사랑으로 다가가라. 시니어가 이런 자세를 가지면, 이웃은 당신의 가장 가까운 친구가 될 것이다.

현대건설의 기념식수를 보며 시니어의 미래를 앞당겨 스스로 변화를 시도해 보자. 나이가 올라가면 저 나무처럼 겹겹이 쌓인 껍질을 벗고 새싹처럼 새로운 삶을 시작해야 한다. 시니어가 어린 아이와 소통하는 방법을 찾아야 한다. 아이가 원하는 대로 해주는 것이 답일까? 아니면 아이의 부모와 함께 소통하며 아이의 처지를 이해하는 것이 맞을까?

몇 년 전, 나는 경제적으로 바닥이라 생각했지만, 더 깊은 지하 10층까지 내려갔던 때가 있었다. 그러나 그 속에서도 나는 마음을 되살리기 위해 힘을 냈고, 목표를 설정했다. 지금 나는 23세의 마음으로 일을 하고 있다.

나무를 다시 한번 보자. 야산에 홀로 서 있는 나무는 가지치기할 필요가 없지만, 시니어는 집안에서 자란 늙은 나무와 같다. 오랫동안 쌓인 불필요한 가지를 쳐내야 새싹이 돋아난다. 청년 시절에는 모든 경험을 직접 겪으며 성장했지만, 시니어가 된 지금은 불필요한 것을 비워내고 가지를 치워야 한다.

시니어가 사랑으로 가족을 비추는 태양이 되어야 한다. 나는 교회 목사를 보며 의문을 가졌었다. '목사가 되면 다 저렇게 해야 할까?' 그런데 경험해보니, 사람마다 다르다는 것을 알게 되었다. 부모가 되는 것도 마찬가지다. 부모가 되면 모두가 같은 방식으로 살아야 하는 줄 알았지만, 부모로서의 길도 다양했다.

당신의 마음이 기쁨을 주는 일이라면 주저하지 말고 실행하라. 누군가에게 이야기할 필요 없다. 현재 당신이 원하는 것이 무엇인지, 즉시 실행해라. 흑자인지 적자인지 계산하지 마라. 당신에게 필요한 것이라면 당장 행동에 옮겨라.

올라오는 이들을 힘들게 하지 말자. 쓸모없는 가지를 쳐내면 햇빛을 보지 못했던 나무도 빛을 볼 수 있다. 시니어인 당신은 건강하게 자란 작은 나무들을 바라보며 만족할 것이다.

평생 현역으로 활동할 수 있다

~~~~~~

100세 시대다. 50에 은퇴를 해도 남은 50년을 무엇을 하면서 먹고 살 것인가? 〈논어〉 위령공 편에 인무원려 필유근우(人無遠慮 必有近 憂)라는 말이 있다. 멀리 내다보지 못하면 반드시 가까운데 근심거리가 생기기 마련이다. 회사에 의지하지 않고 당당하게 살아갈 자기 브랜드가 있어야 한다. 당신은 가지고 있는가? 그런 점에서 당신에게 가장 필요한 최고의 무기는 책 쓰기다. 책 쓰기는 자신과 세상을 동시에 성찰할 수 있게 해준다. 책 쓰기는 멀리 내다볼 수 있게 해주고 폭넓게 생각할 수 있게 해준다. 그래서 책 쓰기 수련을 하는 사람은 크게 어긋나지 않는다. 또한, 책 쓰기는 자기 브랜드를 만들어 준다. 책 쓰기는 평생 현역으로 살아갈 수 있게 해준다.

_《48분 기적의 책 쓰기》 중에서

책 쓰기는 노후 대비다. 당신의 모든 생각과 사고를 기록해 두어라. 책을 읽고, 쓰고, 기록하라. 당신의 삶을 책 쓰기에 몰두해라. 모임을 줄이고, 길을 오가며 만난 행인들의 삶도 그냥 지나치지 말고 글쓰기의 재료로 삼아라. 감명 깊은 추억이나 귀한 일들은 즉시 메모해두어라. 전화 대화에서도 의미 없는 대화를 피하고, 당신이 책을 쓰려는 주제와 연결해 소통하라. 그렇게 하면 당신은 좋은 글 재료를 수집하게 된다.

쇼핑할 때 마음에 든 옷을 입고 느낀 감정들을 기록해 두어라. 그때의 느낌을 메모해 두면 글쓰기 할 때 좋은 자료가 된다. 당신의 이미지를 새롭게 변화시키면 신선함을 느낄 수 있을 것이다. 신선함은 멀리 있는 것이 아니다. 새로운 것을 시작할 때마다 그곳에 함께 있지만, 알아보지 못할 뿐이다. 무관심으로 인해 신선함을 놓치고 물건만 취하는 경우가 많다.

사람이 생존하면서 의식주를 위해 필요한 모든 것은 자연과 인간이 함께 만들어 낸다. 태어날 때 입고 먹고 잠자는 곳, 돈을 벌 수 있는 곳, 이 모든 것은 누군가가 만들어 놓은 것이다. 우리는 많은 혜택을 누리며 살고 있다. 그러니 늘 감사하며 살아가자. 누군가의 도움을 받음에, 그리고 누군가를 도울 수 있음에 감사하자. 나를 창조해 낸 신과 부모에게 감사하는 것은 기본적인 자세다.

생명의 탄생은 스스로 한 것이 아니다. 모든 것은 누군가의 도움으로 이루어진다. 과학과 문명의 발달로 수명이 연장된 것도 그렇다. 시니어가 오래 살게 된 것은 축복이다. 하지만 그만큼 새로운 삶에 적응하거나 변화된 사회에 맞춰 배워야 한다. 학창 시절에 배운 지식만으로 100세까지 살기는 어렵다. 어린이는 백지와 같아 쉽게 배운다. 문제는 시니어다. 오랫동안 누적된 인생관과 고정된 습관을 비우기가 쉽지 않다. 그러나 비워야만 가볍게 살아갈 수 있다.

우리의 머릿속에는 영화처럼 개인의 삶, 추억, 지식이 가득 차 있다. 아깝지만 필요한 것만 남기고 나머지는 비워야 한다. 누군가 대신해줄 수 없는 일이다. 먼저 불평과 부정적인 생각을 지워라. 부정은 영혼의 성장을 파괴하는 존재다. 매일 글로 적어가며 지워 나가라. 긍정적으로 생각하고, 네 부모를 공경하며, 자신을 존중하는 삶을 살자. 긍정의 밭을 가꾸면 잡초가 자라지 않고, 당신의 꿈과 목표는 빠르게 이루어질 것이다.

부정한 생각은 영혼의 회충이다. 부정한 생각은 당신의 영혼 성장을 파괴하는 마약과 같은 존재다. 만약 이를 깨달았다면, 매일 글로 적어내고 삭제시켜라. "네 부모를 공경하라"라는 계명처럼 나 자신을 공경하고, 당신의 정신이 항상 긍정적으로 자라고 있는지 꾸준히 관리해주어라. 당신의 정신이 긍정의 밭으로 가꾸어지고 잡초가 자라지 않게 한다면, 당신의 꿈은 성장하고 목적도 더 빠른 시간 안에 이루어질 것이다. 한 걸음 더 나아가면, '성장'과 '감사'의 정신은 당신의 삶을 풍요롭게 만드는 퇴비와 같다.

평생 현역으로 활동할 수 있는 나는 나를 더욱 빛나고 아름답게 만든다. 나의 가치는 당신이 머물 곳, 당신을 반겨줄 사람이 많이 있을 때 더욱 가치 있고 빛나게 된다. 인간은 평소에 봉사 정신을 가지며 살아간다면, 그는 신과도 같은 존재가 된다. 신이 수천 년 간 진리를 통해 외친 것은 바로 이것이다. "네 이웃과 나누어라."

신이 진리를 통해 인간에게 서로 돕고 나누라고 하는 이유는 사람이 멀리 있는 것들은 잘 보면서도, 가까이 있는 이웃의 고통과 죽음을 보지 못하기 때문이다. 왜 우리는 내 가족은 보지 못하고 남의 가족만 보려 하는가? 왜 신은 이웃을 강조했는가?

나와 너, 우리가 필요로 하는 모든 것은 이미 이웃에게 있다. 그 런데도 인간은 왜 남의 눈과 마음에 인정받고 싶어 하면서, 정작 자신에게는 사랑과 인정을 주지 않는가? 시니어는 백세 시대를 살 아야 한다. 시니어인 당신은 3대, 4대에 걸친 가족의 나이 차이가 있다.

가족을 외면할 수는 없지만, 위아래 세대 간의 생존 법칙을 위해 균형을 잘 맞춰야 한다. 너도 살고, 나도 살기 위한 가족 제도를 백세 시대에 맞게 만들어서, 모두가 공평한 제도로 행복하게 살아가야 한다. 가족의 평온한 삶을 만드는 것이 고령 시니어가 후손들의 짐을 덜어주는 것이다.

화려한 꽃도 때가 되면 시들고, 사람도 늙으면 꽃처럼 시들어진다. 크게 성공한 사람은 나이가 들어도 빛나고, 그의 명성은 향기로운 꽃처럼 오래가지만, 그렇지 못한 사람은 시들어 가면서 주변 사람들에게 상처와 아픔을 주는 경우도 많이 본다. 시니어가 사회에서 고집을 피우지 않고 부드럽고 유연한 마음을 가진다면, 상대의 단점을 지적하며 아프게 찌르지 않고 따뜻한 말과 언어를 사용할 수 있다면, 더 아름답고 멋진 삶을 살 수 있다.

우리는 모두 태어날 때 혼자였고, 벗은 몸으로 태어났다. 가족이 당신을 괴롭히며 상처를 주고 있다면, 무시하고 나 자신을 사랑하라. 사람은 태어날 때 혼자였으므로, 지금도 얼마든지 혼자 설 수 있다. 갓난아이일 때는 누군가의 도움을 받아야 성장했지만, 이제는 다르다. 시니어인 당신도 비록 조금 늦었을지라도 삶의 주인이 될 수 있다.

당신은 자유로운 존재다. 무엇이든 원하는 것을 이루어낼 수 있다. 힘을 내라. 당신도 작가가 될 수 있다. 도전하라. 가능하다. 안 되면 되게 하라. 시니어 작가는 나이와 상관없다. 당신의 마음 하나면 가능하다. 당신이 청년이라면, 아직 미성년자라면 성년이 될 때까지 참고 기다려라. 당신이 홀로 설 수 있는 때를 기다려라. 어느 위치까지 성장할 수 있는지 당신이 선택한 위치에서 독립하라. 그것이 자유다.

참고 기다리지 못하면, 당신의 독립에 많은 고난이 있을 것이다. 독립은 당신이 주최자이며 주인이 된다. 아무리 좋은 직장이라도 참고 견디지 못하면 소용없다. 스스로 주인이 될 것인가? 도움을 받으며 살아갈 것인가? 그것은 당신이 선택해라. 정해진 위치에서 독립은 당신의 뜻이다. 부모가 당신이 원하는 조건을 맞춰준다면 고민할 필요 없다. 그렇지 않다면, 스스로 독립할 위치를 정하고 독립선언을 하고 목적지를 정해두고, 앞만 보고 최선을 다해라.

그리고 당신의 부모나 누군가의 도움으로 성장하고 성공했다면, 반드시 감사로 보답해야 한다. 감사의 보답은 당신의 독립에 큰 힘이 된다. 시니어가 평생 현역으로 활동할 수 있는 이유는 간단하다. 당신의 삶이 아름다울 때, 사람들 속에서 당신이 평화롭다고 생각되면, 당신의 미래 역시 평화롭고 아름다운 삶으로 이어지게 된다.

책 쓰기는 1인 사업이다. 책 쓰기는 1인 기업이다. 책 쓰기는 독자들 앞에서 무대로 나아갈 기회이다. 책 쓰기는 강단에서 강의할 기회이며, 회사, 학교, 세계 각국으로 나아갈 기회를 제공한다. 책 쓰기는 후배도 양성할 수 있다. 작가의 자녀도 작가로 키워낼 수 있다. 작가가 있는 곳에는 언제든 작가가 탄생할 수 있다.

당신이 책을 쓰는 작가가 될 때, 당신의 삶은 다른 차원으로 성장할 것이다.

당신의 삶이 아름답고 평화로울 때, 그곳에서 가치를 느낄 것이다. 당신의 이야기를 기록하고 책을 쓰는 일이 바로 그것이다. 책 쓰기는 1인 사업이며, 독자와 소통할 수 있는 무대가 된다. 책을 통해 당신은 강연자로, 또 후배를 양성하는 스승으로, 새로운 세상으로 나아갈 수 있다.

책 쓸 충분한 인생을 살았다

'카톡 카톡'

셋째 동생에게서 문자가 왔다. 시골집 청소하고 집 주변에 풀도 자르고 고생했다고 한다. 몇 달 전 나도 시골집 가서 청소하는 데 일주일이 걸렸다. 그곳은 내가 어려서 살았던 고향이다. 시간 나면 농사짓는 부모님의 일을 도와드렸다. 그 시절에는 논과 밭이 있는 집은 누구나 농사일을 도와야 했다.

아버지는 부지런해서 집 뒤쪽의 야산에 밤나무와 채소, 잡곡을 심었고 집 앞 시냇가에서는 물고기와 참게를 잡았다. 우리 자매는 늘 부지런해야 했고 휴식을 취하지 못하고 일을 해야 했다. 어릴 적에는 부모님이 일을 시켜서 짜증이 나고 힘들었는데 지금 돌이

켜 보면 감사한 일이다. 시골 일도 배울 수 있었기 때문이다.

한번은 도라지밭에서 풀을 뽑아 달라고 해서 마산 언니와 같이 산에 있는 밭에 갔었다. 마산 언니는 도시 사람이라서 도라지를 모른다. 나는 어릴 때 농작물을 보고 자라서 도라지를 알고 있다. 도라지밭은 정말 풀을 뽑아내기 어렵다. 도라지는 씨를 한꺼번에 뿌린 다음 솎아내야 한다.

그 밭은 도라지보다 풀이 더 많았다. 풀이 너무 많아서 도라지와 풀을 골라내기 어려웠다. 그래도 왔으니 풀을 뽑아보자고 했다. 언니한테 풀과 도라지를 가르쳐 주고 나는 풀을 뽑아내고 있었다. 한참 후에 언니가 풀을 얼마나 뽑았는지 확인하러 갔다. 나는 깜짝 놀랐다. 도라지를 모두 뽑아 버린 것이다. 처음 본 것이라 그런 것인지, 눈이 어두워서 그런 것인지.

전체를 보니 도라지가 그리 많지도 않았다. 이왕 뽑아 버린 거 어쩔 수 없지 서로 웃고 울며 한바탕 재밌게 웃었다. 고향 이야기 하니 추억의 도라지가 생각난다. 재미있는 추억이다. 수십 년을 살아온 시니어는 여러 가지 이야기가 넘친다. 바로 이것이 당신이 책을 써야 하는 이유다.

당신의 재미있고 즐거운 추억 이야기가 그대로 사라지면 너무 억울하지 않은가? 차고 넘치는 이야기가 있는 당신이 책을 써야 한다. 책 쓰기는 그렇게 거창하고 어려운 것이 아니다. 세계 최고 의 책을 당신에게 쓰라고 요구하지 않는다. 자신의 이야기를 당당 하게 담으면 된다.

세계 각 나라 국민이 모두 인생의 추운 겨울을 만났다. 어린아 이, 어른 모두가 마음이 꽁꽁 얼어붙었고 차갑고 싸늘할 수밖에 없 었던 코로나19의 아픔이 수년간 지나면서 잊혔다. 모두가 두려움 과 공포로 인간의 마음도 얼어 버리게 한마음의 강추위를 모든 사 람이 경험했다. 마치 세계 인구 70억 명이 공포 속에 삶과 생활이 일시 정지되어 버린 것 같았지만, 인간은 강하다. 코로나19 사태 로 많은 사람이 가족을 잃었다. 그런데도 우리는 아픔과 상처를 견 뎌냈다. 마치 겨울잠에서 깨어난 개구리처럼 혹독했던 강추위를 이겨냈고 모두 따뜻한 마음의 봄을 다시 만나게 되었다. 그리고 새 로 돌아온 계절에 순응하게 되었다.

견디기 어려웠던 그 시절, 코로나 생각만 해도 아찔한 기억을 뒤 로한 채 살아 있어 감사하다. 수십 번 수백 번을 감사함으로 고개 숙인다. 살아 있어 감사하고 추운 겨울에 얼어 죽지 않아 감사하고 얼어 있던 마음이 녹아 다시 봄날을 만나서 감사하다.

나는 올해의 봄이 내 생애 제일 따뜻한 봄을 맞이한 것 같다. 혹독한 강추위를 수년간 겪어서 그런지 올해의 봄은 마음이 설렌다. 봄은 좋은 계절이다. 공원에 산책하며 주변을 둘러보았다. 벌써 목련꽃이 추위를 이겨내고 활짝 피었다.

겨울이 언제였는지 잊은 듯 태연한 모습이다. 나무에 새싹도 힘차게 돋아난다. 지난해에는 새싹도 멋져 보이지 않았는데 이번 해는 너무 멋지다. 우리는 모두 함께 코로나19가 주고 간 인생의 추운 겨울을 지났다. 같이 아파했고, 같이 힘들어했다. 아픈 만큼 성숙했고 새롭게 받아들여야 했던 현실에 우뚝 서 있다.

지금 당신이 살아 있다는 사실이 제일 소중하다. 추운 겨울이 연속될 것 같았지만 끝이 났다. 다시 돌아온 봄은 정말 아름답다. 당신도 인생의 봄날에 함께 주인이 되어라. 당신도 책 쓸 충분한 인생을 살았다. 이제 주인의 길을 시작하라. 책 쓰기가 그것이다.

제 2 장

새로운 인생 도전은
무엇인가?

성공하는 사람들이 성공하는 이유는 아주 단순하다.
그들은 실패를 다르게 생각한다.

성공한 사람들은 실패를 통해 배운다. 하지만 보통 사람들이 배우는 교훈과 그들이 배우는 교훈은 조금 다르다. 처음부터 시도하지 말 걸 그랬다고 후회하지 않는다. 자신은 똑똑한데 세상이 엉터리라고 한탄하지 않는다. 자신을 패배자라고 생각하지 않는다. 그들은 자신이 사용한 전략이 왜 작동하지 않았는지, 전략을 사용할 대상으로 삼은 사람들이 왜 반응하지 않았는지 배운다.

지는 데 능숙한 사람들은 머지않아서 이기는 사람들이 될 것이다. 지는 것을 무서워하면 저항에 힘을 실어줄 수 있으며, 자신은 승리할 가치가 없다는 죄책감에 젖게 만들 수 있으며, 어두운 영혼의 구석으로 숨어들게 할지도 모른다. 그러지 말자.

_ 세스 고딘, 《린치핀(Linchpin)》, p.171~1172

삶의 경험을 나눈다

～～～～～～～～～～～～～～～～～～～～～～～～～

삶의 경험은 협력해야 크게 성장한다. 정주영의 초창기 시절을 보면, 그의 삶은 협력과 끊임없는 노력으로 이루어졌다. 그는 정비소 시절, 열심히 힘을 합쳐 사업을 일으켰고, 사업이 안정을 찾으며 흑자의 길에 들어섰다. 그러나 예기치 못한 화재로 인해 정비소가 불에 타버렸다. 밤새도록 일을 마친 뒤, 새벽에 기름투성이 손을 씻기 위해 시너로 불을 지펴 물을 데우다가 불이 난 것이다. 전 재산이 한순간에 사라졌다. 그 당시 그의 심정은 어땠을까? 황망함에 앞이 깜깜했을 것이다. 빚을 갚지 못한 상태에서 자신을 믿고 함께 성공을 일구어낸 직원들에게조차 책임을 다하지 못하는 상황이었다. 직장도, 직업도 없었던 시절, 협력과 노력으로 일으킨 사업이 하루아침에 재가 되어버린 것이다. 아무것도 남지 않은 상황에서 정주영은 무슨 생각을 했을까?

그는 절망의 끝에서 다시 일어나기로 결심했다. 종업원이 수십 명이었고, 그들의 꿈과 희망이 모두 불에 탔다. 그에게 남은 것은 오로지 사람과 기술뿐이었다. 타버린 공장 앞에 서서 재만 가득한 풍경을 바라보며, 그는 다시 한번 큰마음을 먹고 결단했다. 직원들을 위해, 자신을 믿고 돈을 빌려준 사람을 위해, 자신의 꿈과 희망을 위해, 부모님이 소를 팔아 가져온 돈을 위해 다시 일어서기로 했다. 그 결심 후, 그는 자존심을 버렸다. 무릎을 꿇고 가진 자에게 마음을 꿇으며 또다시 외쳤다.

고리대금업자를 찾아가 돈을 빌려달라고 간청했다. 이미 빚이 있었고, 갚지도 못한 상태에서 다시 돈을 빌려달라고 한 것이다. 그는 자신의 다섯 가지 희망과 꿈, 목적을 말하면서 "이게 나의 자본금입니다. 이것이 나의 전 재산입니다. 한 번 더 기회를 주세요. 나는 이들을 위해 일을 해야 합니다. 나를 믿고 인생을 걸어준 공원들의 삶과 꿈, 희망을 저버릴 수 없습니다."라고 했다.

그의 큰 자신감과 불타는 정신을 본 고리대금업자는 결국 정주영에게 돈을 빌려주었다. 이제 정주영에게 남은 것은 타버린 정비소, 그러나 무에서 유를 건설할 결의뿐이었다. 사업을 새롭게 설계하고 다시 일어설 준비를 했다. 불에 탄 사업과 삶을 두고 그는 자신에게 다시 불을 붙였다. 정주영의 불타는 심정의 불씨를 당신에게도 옮겨보라.

　당신의 삶도 어떤 실수로 인해 송두리째 날아간 일이 있을 것이다. 하지만 그럼에도 불구하고 다시 일어서는 정신을 되살려라. 실수를 검토하고, 경험과 기술을 재검토하여 다시는 노력이 불에 타버리지 않도록 하라. 사업, 직장, 결혼생활, 생명—모든 것이 언제 예고 없이 사라질지 모른다. 인생은 예측 불가하며, 내일을 알 수 없다. 아무리 계획을 세워도, 계획대로 이루어지지 않는 일들이 많다. 정착되지 않고 흘러가는 물처럼 삶도 흘러간다.

　삶의 경험을 나누고, 현실을 다스리며 주관하는 사람이 되어라. 그러나 고립된 삶에 빠진 사람은 스스로 나올 수 없다. 구덩이 밖에 있는 사람이 밧줄을 내려주지 않으면, 구덩이 속에 평생 머물 수밖에 없다. 필자가 말하는 구덩이는 정신의 구덩이를 말한다. 주로 이기적인 사람이 자기 구덩이를 파고, 파다가 결국 스스로 갇힌다. 처음에는 남의 말을 조금이라도 들어주다가, 점점 남의 말을 듣지 않고 자기 뜻대로 살다 보면, 인생 70세가 되어서야 외로움을 느낀다. 자기밖에 모르는 이기적인 사람은 인생 감옥에 갇힌 사람이다. 고립된 자는 스스로 일으켜야 한다. 그럴지라도 상처와 아픔을 불에 태워버리고 나아가야 한다. 그래야 새로운 것을 건설할 수 있다. 시니어인 당신도 과거의 재료는 필요 없다. 오직 미래의 재료와 자료가 필요하다.

정주영은 초창기에 불타버렸지만, 시니어는 일평생 만들고 건설한 삶이 흔적 없이 재만 남은 경우도 많다. 본인이 원하지 않았던 삶을 송두리째 도둑맞은 사람도 많을 것이다. 반면, 사랑, 성공, 재물을 나누며 행복하게 살아온 사람도 있다. 그러나 자기중심적인 태도와 변화에 대한 거부감이 강한 사람은 새로운 것을 받아들이기 어렵다. 어떤 사람은 슬픔과 좌절 속에서 일생을 술독에 빠져 한탄하며 자아에 갇혀 살아간다. 사람과 사람 사이에 피해를 주며 원망과 악을 품고 사는 사람도 많다. 이미 지나간 것이다.

정주영처럼 불에 타버린 것을 의미 없이 붙들고 괴로워하지 마라. 과거보다 나은 삶을 구상하는 데 의미를 두자. 필요 없는 과거에 연연하지 말고, 당장 버려라. 기억하고 싶지 않은 것은 지워라. 쓰레기통에 기름을 부어 태워버려라. 새것으로 다시 시작하라. 새로운 재료로 다시 시작하라.

당신 곁에 사랑과 관심을 주지 않은 사람은 피하고, 함께 소통이 원활한 사람들과 적절한 운동, 사회적 활동, 학습, 취미생활을 공유할 수 있는 사람들과 함께하라. 당신의 인생에 활력이 가득 찰 것이다. 반대로, 사기 목적으로 접근하는 사람, 무책임한 사람, 돈을 요구하는 사람, 폭력성이 있거나 언어폭력이 심한 사람, 약물 중독자, 알코올중독자, 도둑, 거짓말쟁이, 위험한 사람들은 피해야 한다. 사람도 돈도 빌려오지 마라. 당신이 시작한 곳에서 다시 시작하라. 신선한 것이 채워지면 여유가 생길 때 과거를 추억으로 떠올려도 된다. 삶의 경험을 나누며 새로운 곳으로 옮겨가는 것은 다시 태어나는 것과 같다. 사람의 죽음에는 여러 가지가 있다. 당신의 성장이 멈추어 있는 것도 죽음이다.

작은 목표를 설정하라. 책을 읽고 새로운 관점을 찾아보라. 집중력을 높이고 명상하며 새로운 경험에 도전해보라. 긍정적인 마음과 감사하는 삶을 생각해보라. 집에서 키우는 화분도 2년에 한 번 분갈이하면서 성장 배양토를 더해주고, 2년간 성장한 화초를 위해 더 큰 화분으로 옮겨준다. 그런데 사람은 자기를 위해 신체 관리, 마음 관리, 자기 관리를 하지 않아 영양이 고갈된 상태가 많다.

자수성가한 성공자의 말을 들어보자. 스노우폭스 CEO 김승호 사장도 젊은 시절 원룸에 살 때, 힘든 날이 있었다. 그때 길을 가다 꽃집에서 아이리스 꽃 한 송이를 샀다. 원룸에 돌아와 아이리스를 컵에 물을 담아 꽂아두었는데, 그 한 송이 꽃이 준 힘이 컸다고 한다. 그는 그때의 느낌에 감동받아 언젠가 자신을 위한 꽃가게를 하겠다고 다짐했다. 수년이 지나 그는 현재 "스노우폭스 플라워" 사업을 하고 있다. 나를 위해 꽃 한 송이를 고르는 꽃집, 한 송이 꽃에서 힘을 얻고 사업으로까지 이어진 것이다.

당신의 인생도 성장이 멈추었다면 에너지를 공급해라. 마음이 즐거워하는 것이 에너지다. 현재를 유지하기 위해 여행하고, 갖고 싶은 것을 가져라. 작은 것이라도 가져보면 컨디션이 좋아진다. 현재 당신이 머무는 곳에 필요한 양만큼 에너지가 채워지지 않으면, 혼자라도 즐기고 싶은 것을 즐겨라. 에너지를 사용한 만큼 매일 채워라.

젊을 때는 자동 충전이 되지만, 시니어는 스스로 챙겨야 한다. 시니어는 자동이 없다. 수동뿐이다. 내가 나를 챙겨라. 지난 것을 돌아보며 이런 생각을 해보자. 만약 정주영의 정비소가 불에 타지 않았다면, 그는 작은 평수에서 과거의 재료로 사업을 유지했을 것이다. 그랬다면 크게 성장하지 못했을 것이다. 그가 고리대금업자에게 진심으로 애절한 마음을 털어놓았을 때, 고리대금업자는 돈의 액수에 상관없이 필요한 자금을 빌려주었다.

고리대금업자의 많은 돈이 정주영에게 투자되었기에, 정주영은 많은 자금과 좋은 사람들과 협력하여 사업을 이루어냈다. 믿고 신뢰하는 사람들이 정주영과 협력해 사업을 성공으로 이끌었다. 필자도 한때 현대 사원 가족으로 수년간 현대와 함께했다. 당신도 그런 적 있는가? 시니어라면 현대나 삼성 등에서 함께 이웃이 되었던 적이 있을 것이다. 그 시절 우리는 회사에 다니며 급여로 생활하고 저축도 했다. 하지만 요즘은 부부가 함께 돈을 벌어도 생활하기 어렵고 저축하기도 힘들다.

시니어의 정신 건강은 청년 시절의 나를 떠올릴 때 힘이 난다. 과거의 영광을 떠올리며 힘을 얻어라. 불꽃처럼 빛났던 젊은 날의 기억을 잊지 말자. 다시 한번 더, 이젠 당신을 위해 정신의 불꽃을 피워라. 책을 읽을 줄 안다면, 당신의 인생을 담은 책을 쓸 수 있다. 당신도 명품 책 한 권을 써보라. 책 속에 당신의 인생을 담고, 드라마처럼 남겨라. 책의 표지 속에 담긴 당신의 이야기는 보석처럼 빛날 것이다.

당신의 이야기를 만들어라. 그것이 바로 작가의 삶이다. 당신의 인생을 책으로 남겨라. 필자에게 인생 도전은 책 쓰기이지만, 독자들은 또 다른 인생 도전을 얼마든지 할 수 있다. 새로운 취미에 도전해도 좋고, 새로운 사업에 도전을 해도 좋다. 한 번도 가보지 않은 낯선 세상에 나아가는 것도 또한 도전이다. 한 번도 만난 적이 없는 낯선 사람을 만나고 사귀는 것도 또한 도전이다. 한 번도 해 본 적이 없는 일을 하는 것도 도전이다. 너무나 많은 도전 거리가 우리 일상에는 얼마든지 존재한다. 그것을 발견하여, 자신의 것으로 만드느냐 아니면 그냥 흘러 버리느냐는 오롯이 자신에게 달렸다.

배움의 길을 간다

도전 그 자체가 또 다른 하나의 배움의 길이 된다. 그래서 도전을 하는 사람과 하지 않는 사람 사이에는 격차가 발생하는 것이다.

필자는 작가가 되기 위해 배움의 길을 선택했다. 나는 작가인 나를 만들기 위해 작가의 삶을 배운다. 작가인 나를 생각하고, 독자를 생각하며 책을 읽는다. 나는 매일 배우는 것을 일상생활의 한 부분으로 받아들이고, 보고, 듣고, 소통한 것을 지식 창고에 저장한다. 책을 읽고 좋은 글을 적어둔 메모와 일기 쓰는 노트, 그리고 순간의 느낌을 기록할 수 있는 작은 메모장을 항상 준비하고 다닌다.

순간적으로 떠오르는 생각과 스쳐 지나가는 느낌, 그리고 깨달음을 작은 메모장에 적어두는 이유가 있다. 스마트폰에도 메모 기능이 있지만, 폰을 꺼내면 문자나 여러 소식에 주의를 빼앗겨 버린다. 그래서 나는 여전히 종이 메모장을 사용한다. 메모는 소중한 생각이 탄생할 때 외부의 방해를 차단하고, 오직 그 생각에만 집중할 수 있게 해준다. 생각의 씨앗을 지식 창고에 담아 두었다가, 글을 쓸 때 꺼내어 활용하면 그날의 글쓰기는 성공이다.

영혼을 자극하는 글을 쓸 때, 필자는 마치 전류가 온몸을 타고 흐르듯 전율을 느낀다. 그런 글을 쓰는 순간은 필자 자신도 행복하고, 만족감을 느낀다. 이 글을 읽는 독자도 내가 느낀 감정을 함께 느꼈으면 좋겠다.

영혼이 병들면 성장이 멈춘다. 그래서 책을 읽어주면 고장 난 영혼이 치유되어 회복된다. 멈추어 있던 마음도 다시 움직이기 시작한다. 특별한 이유 없이도 내 안에서 따뜻한 사랑의 온기가 피어오르며, 기쁨과 미소가 살아난다. 내 안에서 사랑이 움트면, 그것이 가족과 이웃에게까지 퍼져 나가며, 어린아이처럼 기뻐하게 된다. 이런 사랑이 바로 아가페의 사랑이다. 시니어가 되면 아가페 사랑을 실천하는 것이 좋다. 아가페 사랑은 내가 누군가를 도와줄 때 생긴다.

시니어인 당신이 잃어버린 순수한 사랑을 회복한다면, 당신은 살아 있는 동안 행복과 기쁨, 사랑, 성장, 그리고 소망이라는 선물을 받게 된다. 그로 인해 탄생한 즐거움은 현재 당신의 꿈을 반드시 이루어 줄 것이다. 우리의 신체에는 감지기가 있다. 눈으로 보지 않아도 감각, 느낌, 냄새를 통해 알아차린다. 신체 외부에는 작은 털 하나까지도 모두 센서다. 신체에 있는 작은 털 하나를 뽑아도 아프듯이, 영혼의 고통도 그런 것이다.

작가는 나의 삶이며, 나의 인생이다. 그러므로 작가는 배움의 시작이다. 책을 쓰는 모든 작가는 자신에게 소중한 것을 글로 쓴다. 나는 나의 인생 모두가 이야기다. 행복한 작가로 살기 위해 나 자신이 어떤 글감을 준비해야 할지 고민한다. 매일 많은 책을 읽고 쓰는 것이 중요하다. 맑고 투명한 책은 정신 건강에 큰 도움이 된다. 당신의 수준에 맞는 책을 골라 읽어라. 책장에 진열된 수많은 책들 속에서도, 정확히 나와 같은 사람이 쓴 책은 없다. 글감을 찾지 못했을 때는 저 많은 책 중에 베껴 쓰면 어떨까 생각했지만, 그럴 수 없었다. 세계인의 엄지손가락 지문이 다른 것처럼, 나 개인은 독립된 개체이기 때문이다. 내 마음에 딱 맞는 책은 없었다. 머릿속에 맴도는 글감은 있었지만, 표현할 언어와 문장을 어떻게 쓸지 몰랐다. 그래서 많은 책을 읽는 것이 도움이 되었다.

나만의 글은 나로부터 시작된다. 내가 선택한 삶은 작가이며, 내가 제일 좋아하는 일이기도 하다. 좋은 작가가 되기 위해 매일 책을 읽고, 다양한 사람들과 마음을 소통하며 나만의 글을 만들어 내는 일은 나에게 큰 행복감을 준다. 작가의 길을 선택한 나의 삶에 만족한다.

내가 생각하는 모든 것의 소유자는 나다. 내가 생각하는 모든 정신도 내 것이다. 마음속에 담겨 있는 생각들은 누군가의 책 속에서 등장인물들과 소통하며, 멋진 나를 만들어 낸다. 모든 것이 배움이며 성장이다. 내가 배운 것을 가르쳐주라. 먼저 내가 배워야 한다. 내가 배우고 싶어 하는 것을 다른 사람을 도와주기 위해 배우고, 배운 것을 다시 가르치는 것이 작가의 길이다.

가르칠 때, 효과 있는 것을 확장하라. 많이 쓰이는 것, 작고 소소한 것들을 부담 없이 배워두면 틈새에서도 사용할 수 있다. 서로 재능을 기부하고, 공유하는 것, 모두 배움의 길을 걷는 것이다. 작가도 배운 것을 독자에게 가르쳐준다. "문을 두드리라, 그러면 열릴 것이다. 찾으라, 그러면 찾을 것이다."라는 성경 구절이 있다. 영혼의 구원이란 쉽지 않지만, 내가 싫어하는 나의 모습을 고쳐주는 행실 구원도 있다. 나를 위한 습관을 고치는 행실 구원은 무거웠던 마음을 훨씬 가볍게 해준다.

당신이 변화를 이루어냈다면, 이웃도 변화되기를 갈망할 것이다. 당신의 변화는 모든 이의 우상이 될 수 있다. 배움의 길은 멀리 있지 않다. 지금 당신이 할 수 있는 것부터 시작해라. 작은 구원부터 시작이다. 당신은 이제 행실 구원자가 될 수 있다. 내가 변화하면 이웃도 변화한다. 나의 삶을 보여주고, 배울 수 있도록 도와주는 협력자가 되자.

오른손이 하는 일을 왼손이 모르게 하라. 상대를 변화시키려면 나부터 변화해야 한다. 그러면 나를 지켜본 사람도 따라 하게 된다. 배운 것을 행실로 가르쳐라. 변화하는 삶은 행실 구원이다. 나는 행복하다. 책을 많이 읽을수록 글감이 지식 창고에 가득 채워진다. 곡식도 창고에 저장해두고 필요할 때 꺼내 쓰듯, 글도 마찬가지다.

필자가 진심을 담아 말한다면, 시니어인 내가 인생에서 제일 특별한 선택을 한 것은 바로 책 읽기다. 책을 읽고, 마음속에 담긴 생각의 창고에서 멋진 글감들이 소통하며 새로운 글이 탄생한다. 작가는 독자가 듣고 싶어 하는 이야기와 작가가 쓰고 싶어 하는 이야기를 전달하는 안내자다. 책을 읽으며 얻은 글감들 중, 분노, 슬픔, 기쁨, 좌절, 사랑, 실망, 흥분, 배신, 미움, 용서 등을 선별해 글로 만든다. 좋은 글은 독자의 마음을 감동을 주고, 나쁜 글은 반대되는 언어로 덮어쓴다. 예를 들어 희망을 고문으로, 불만족을 만족으로, 생각 없음을 생각 있으므로 바꾸는 식이다. 이런 방식으로 글을 다듬고, 새로운 글을 만들어 낼 수 있다.

글을 쓰다 실패한 글도 몇 개의 단어만 수정하면 보석처럼 빛나는 글이 될 수 있다. 소망과 소원을 이루는 데 가장 중요한 것은 언어다. 희망과 꿈을 스스로 만들어가는 것이 글 작가의 일이다. 나쁜 글을 좋은 글로 바꾸는 것이 작가의 직업이다. 맑고 깨끗한 영혼이 싫어하는 언어들을 영혼이 좋아하는 언어로 바꾸는 것이야말로 작가의 보람 있는 일이다.

시니어 작가는 좋은 글을 만들어 글을 쓸 때 최고의 행복을 느낀다. 이렇게 나를 배우게 하고, 나를 가르치고, 실천함으로써 성장한 나의 모습을 볼 때 인생이 아름답다. 배움이란 가장 가까운 곳에서 시작된다. 배움을 실천하여 성공자가 되었다면, 당신은 이미 스승이다. 시니어가 작가가 된다면, 당신은 이미 자신과 다른 사람을 성장시키는 스승이자, 행실 구원자 또는 글 전도사가 된 것이다.

인생은 한 권의 책이다

~~~~~~

인생은 한 권의 책과 같다. 책은 느낌으로 쓰고, 그 느낌을 글로 표현해 사람과 소통한다. 마치 기도와도 같다. 기도도 내면의 깊은 느낌에서 우러나온다. 인간이 만들어 내는 언어는 결국 내면의 세계를 표현하기 위함이다. 자연과 만물이 주는 느낌, 사람 사이의 소통을 통해 우리는 글을 쓴다. 지식은 단순한 정보가 아니라, 의식의 결과이며, 진리를 추구하는 여정이다. 인생은 그러한 여정 속에서 삶이라는 책으로 기록된다.

한국의 시니어들은 삼성생명의 초대 경영자 이병철을 잘 알고 있을 것이다. 그의 정신은 시니어에게 도전과 영감을 준다. 젊은 시절의 가장 빛났던 자신의 모습을 떠올려보라. 그때의 열정과 의지를 현재의 삶에 되살려라. 필자는 20대 초반의 나를 현재에 고

정했다. 그 젊은 정신이 내면의 빛이자 거울이 되어준다. 마찬가지로, 당신도 자신의 인생에서 가장 성공적인 순간을 현재의 삶에 고정하고 회복해라. 이병철 회장은 73세에 다시 도전했다. 그의 인생에서 가장 큰 전환점이었던 미국 방문에서, 그는 삼성의 미래를 위한 큰 그림을 그렸다. 그것이 반도체와 컴퓨터 산업 진출이었다.

삼성의 성공을 이끌어낸 이병철의 결단력과 이건희의 혁신 정신은 모두 일관된 목표와 신념에서 비롯되었다. 이건희가 "마누라와 자식 빼고 다 바꾸자"라며 삼성의 모든 시스템을 재정비했듯이, 시니어들도 자신이 가장 잘했던 시절의 정신을 바탕으로 지금의 인생을 새롭게 재정비할 필요가 있다. 수천수만 권의 책이 세상에 존재하지만, 당신의 책은 오직 당신만이 쓸 수 있다.

책은 하나의 작품이다. 옷을 판매하는 시장에서 각기 다른 디자인이 고객의 취향을 사로잡듯, 책도 독자의 마음을 사로잡아야 한다. 진심과 열정을 담아 책을 쓸 때, 그 책은 시대를 초월하여 독자들에게 다가갈 수 있다. 그러니 대충 쓰지 말고, 진심으로 삶을 기록해라. 책 쓰기는 자신의 주인이 되는 일이며, 부지런히 공부하고 노력해야 한다. 이병철 회장이 반도체 사업을 시작할 때, 그는 미국에서 직접 눈으로 보고 경험하며 그 비전을 구체화했다. 그리고 그는 한 걸음씩 그 꿈을 실현해 나갔다. 시니어인 당신도 한 걸음 한 걸음 꿈을 심고 키워라. 그 꿈이 당신의 삶을 책으로 남길 것이다.

목계지덕(木鷄之德), 이병철 회장이 평생의 교훈으로 삼았던 이 가르침은 나무로 만든 닭처럼 감정을 통제하고, 자신의 내면을 평정하게 만드는 것이다. 아무리 어려운 일이 닥쳐도 감정에 휘둘리지 않고 자신의 길을 걸어가야 한다는 의미이다. 이 가르침이 바로 그의 성공을 이끌어낸 힘이 되었다.

삼성의 이건희 회장이 와이셔츠를 만들 때 전 세계의 명품 와이셔츠 150개를 사서 입어보며 연구했던 것처럼, 시니어인 당신도 당신의 인생을 책으로 만들기 위해 투자를 아끼지 말아라. 책을 구입하고, 자료를 모으고, 생각을 확장하는 데에 시간과 노력을 쏟아라. 그런 노력이 쌓이면, 당신의 인생은 최고가의 명품 책으로 탄생할 수 있다.

인생을 한 권의 책으로 만들기 위해, 단순히 글을 옮겨 적기만 하지 말고, 자신의 경험과 감정을 담아라. 그러면 독자는 그 책을 통해 당신의 인생을 느끼고 공감할 것이다. 글쓰기는 노력과 끈기, 그리고 감정의 통제에서 비롯된다. 그래서 시니어인 당신에게 목계지덕의 가르침은 필수적이다. 당신의 감정을 제어하고, 인내와

끈기를 바탕으로 글을 쓰면, 그것이 독자의 가슴을 울리는 명작이
된다.

이병철 회장이 삼성의 성공을 이루어낸 것이 73세였다면, 시니
어인 당신도 지금부터 도전할 수 있다. 필자도 65세에 작가가 되
기로 결심했고, 그 이후 수많은 도전을 거쳤다. 당신도 할 수 있다.
세상의 염려를 내려놓고, 오직 자신의 꿈에 집중하라. 이병철이
"마누라와 자식 빼고 다 바꾸자"라고 외쳤을 때처럼, 당신도 자신
의 인생에서 변화를 두려워하지 마라.

삼성의 이병철이 미국에서 성공할 삼성의 미래를 그렸듯이, 당
신도 당신의 인생을 어떻게 써나갈 것인지 그려보라. 자신의 경험
과 삶의 이야기로 책을 쓰는 것은, 그 자체로 인생의 위대한 기록
이다. 당신의 인생이야말로 한 권의 소중한 책이 되기를 바란다.

도서관이나 서점은 운영 시간이 정해져 있다. 하지만 내가 책을
쓰고자 하는 시간이나 여유가 생기면 언제든지 가까이 두고 볼 수
있는 위치에 책이 있어야 한다. 당신의 인생을 한 권의 책으로 만
들어라. 당신이 세상을 떠나도 그 책은 70년 동안 후손들에게 인
세로 남을 것이다. 그런데도 당신의 인생을 담은 책을 단 한 번 쓰
고 그만둘 것인가? 작가로서 처음 시작할 때가 가장 중요하다. 지

금 당신은 어떤 해답을 찾기 위해 책을 읽고 있는가? 책을 읽는 시간과 책을 쓰는 시간, 두 가지 모두 소중하게 여겨야 한다.

이제 시간을 내어 당신만의 책을 쓰기로 했다면, 시작과 끝 모두 신중하게 임해야 한다. 삼성의 이병철이 명품 와이셔츠 150개를 입어본 정성에는 미치지 못하더라도, 최선의 방법과 노력을 기울이는 것이 작가로서의 첫걸음이 될 것이다. 당신의 인생을 최고의 명품으로 만들고 싶다면, 명품 책을 찾아 자료로 활용하라.

명품 책은 당신을 최고로 만들어 줄 것이다. 그렇게 되면 작가로서의 기본과 기초가 더욱 확고해질 것이다. 한 권의 책을 쓰고 나면 또 다른 책을 쓰고 싶어질 것이다. 책을 계속 써나갈 수 있게, 처음부터 책이 당신 곁에서 좋은 교훈을 줄 것이다. 수백 권, 수천 권의 책이 당신의 글 근육을 강화하고, 마음을 다져 작가로 만들어 줄 것이다. 인생은 하나의 책이다. 당신의 인생을 단순히 하루살이 일회용처럼 쓰지 마라.

당신이 쓴 책이 수십 년 동안 국립중앙도서관에 보관된다면, 후세에도 교훈을 줄 수 있는 유명한 인기도서 작가가 탄생할 것이다. 선조들의 책이 수백 년, 수천 년이 지난 지금도 국립중앙도서관에 보존되어 있다. 당신의 책도 후세에 기억될 수 있기를 바란다. 인생은 한 권의 책이다. 다른 사람의 글을 베껴 쓰려고만 하지 마라. 다만, 당신의 느낌을 표현하기 위해 그들의 언어를 참고하는 것은 괜찮다.

책을 쓰는 것도 공사판 노동자와 다를 바 없다. 다만, 바깥세상에서 동서남북이 뚫린 곳에서 힘쓰는 대신, 책상에 앉아 글을 쓰는 차이가 있을 뿐이다. 우리는 새로운 것을 창조할 때 어떤 일을 하든지 주제만 다를 뿐, 정신의 시작은 항상 긴장과 초조함에서 비롯된다. 현대건설의 CEO였던 정주영도 현대차를 만들기 전에 정비소에서 부속을 하나하나 뜯어보고 고치며 기술을 연마해 전문가가 되었고, 결국 차를 만들고 배까지 만드는 사람이 되었다.

당신의 인생의 책을 집필하면서 부족함이 느껴진다면, 당신을 만들어 내고 실천해서 좋은 책, 많은 사람에게 전해질 수 있는 책을 써라. 그것이 당신 인생의 최고의 가치이다. 당신의 책은 당신을 명품으로 만들어 줄 것이다. 독자들이 당신의 인생을 읽고 그들의 삶에 도움이 되게 하는 것이 작가의 역할이다. 시니어인 당신도 인생을 책으로 남겨라.

인생은 하나의 책이다. 당신 인생을 하나의 책으로 남겨라. 당신의 인생이 소중하지 않은가? 나는 나의 인생이 소중하다. 지금까지 내 인생에서 감당해야 했던 일을 단 한 번도 포기하지 않고 실행해왔다. 이 정도면 충분하다. 인생은 새로운 길이다. 그것을 잘 이행하는 것이 인간의 도리다. 나는 인생을 남과 비교하지 않고 길이 막히면 새로운 길을 찾아 나아갔다. 그러나 남의 인생을 편집해서 나의 삶에 사용한 적은 없다.

나의 인생, 이 정도면 충분히 보상받을 만하다. 잃고 싶지 않은 소중한 것도 많았지만, 삶은 언제나 다른 길을 안내했다. 그런데도 나는 지금 당당하게 책을 쓰고 있다. 정신이 온전해야 책을 쓸 수 있다. 이것이 나의 인생이고, 인생은 하나의 책으로 남는다. 당신도 그런 삶을 살아왔다. 당신도 인생을 잘 살았다고 생각되기에, 당신의 삶을 한 권의 인생 책으로 남겨라. 살아온 방식은 달라도, 그때의 삶은 당신의 교과서였을 것이다. 이제 당신만의 새로운 교과서를 제공하라. 그것이 책이다.

당신의 책을 쓰기 위해 책을 읽어라. 그러면 책을 쓸 지식이 쌓일 것이다. 자료가 수집되면 당신의 글을 쓰게 하라. 이 세상에 단 한 권의 당신만의 책을 남겨라.

인생은 누구나 파란만장하다

〜〜〜〜〜〜〜〜〜〜〜〜〜〜〜〜〜〜〜〜〜〜〜〜〜〜〜〜

인생을 수십 년 살아오면서 누구나 파란만장한 일들을 겪었다. 일생의 어려움을 극복하며 산다는 것은 쉽지 않았다. 개인적인 문제를 누구에게 물어볼 수도 없었다. 그렇지만 창조의 자유가 있었기에 각자 살길을 찾으며 인생을 개척하고 생존할 수 있었다. 지금부터 당신의 인생을 위해 책 쓰는 일을 시작하라. 나이가 많아질수록, 사회적 균형을 유지하기 위한 생존법을 배워야 한다. 매일 달라지는 현실 앞에서 불평하지 않고 최선을 다해 사는 당신에게 감사하라.

한국의 경제 발전은 국가의 경제력이 성장하고, 이는 생산과 소득 증가, 일자리 창출로 이어져 한 나라를 먹여 살렸다. 개인은 직업을 통해 가족을 부양했다. 기술과 경제는 발전하여 세계 각국으로 수출되었다. 나라의 발전이 수십 년간 이어져 한국의 빈민국가는 세계 강대국이 되었다. 현재 한국의 시니어는 한국을 수십 년간 발전시켰고, 경제적으로 성공적인 사회를 만들었다.

젊은 시절에는 일하느라 사회 문화 환경을 누리지 못했지만, 이제는 시니어를 위한 천국 같은 사회가 되었다. 좋은 환경과 사회 문화를 활용하여 당신의 글쓰기에 필요한 자료로 사용하라. 지역마다 도서관이 있고, 서점도 많다. 이제부터 활동을 시작하라. 아무도 당신을 보장해주지 않는다. 시니어도 찾으면 할 일이 많다. 이제 당신의 인생 책을 써라.

인생은 파란만장하고, 그것을 온몸으로 반백 년 이상 경험한 당신은 어제와 다른 존재임을 부인할 수 없다. 이제 당신은 스승도 될 수 있다. 이제 가르쳐라. 도전은 또 다른 배움이며 동시에 교육이며 가르치는 것이다. 스스로를 말이다.

당신이 지금까지 존재한 것은 각자도생의 과정을 졸업했기 때문이다. 주어진 달란트를 충분히 발휘했기 때문에 지금 그 자리에 있는 것이다. 그것만으로도 족하다. 이제 최고 작가, 최고의 인생, 최고의 글을 쓸 자격이 충분하다. 다만 표현을 잘해서 독자의 마음과 눈을 즐겁게 해주는 글을 써서 남은 삶을 의미 있게 만들어라.

필자는 좋은 책을 쓰기 위해 날마다 책을 읽는다.

필자는 하루를 좋은 생각과 아름다운 마음으로 시작해야만 비로소 책을 쓸 준비가 된다고 믿는다. 당신도 당신의 멋진 인생을 하나의 책으로 남겨라. 내가 나를 평가할 때, 자신을 최고라고 인정해주어라. 그래야 어떤 일이라도 서슴지 않고 바로 진행할 수 있다. 어린아이는 걱정하거나 염려하지 않는다. 먼저 행동하고, 그다음에 해결해 나간다. 어떤 일이든 시작해야 경로를 바꾸고 새로운 일을 만들어 갈 수 있다.

삼성의 이건희는 삼성의 최고의 제품이 강대국의 제품에 가려져 보이지 않던 상황을 경험한 후, 방법을 찾아내기로 결심했다. 그는 강대국의 제품보다 눈에 잘 띄는 위치에 삼성 제품을 배치하는 방안을 고민했다. 한국에서 최고인 제품이 타국에서는 강대국에 밀려 존재감조차 드러내지 못한 것을 직접 경험하며 가슴 아파했다. 그래서 그는 변화를 외쳤다.

당신의 인생도 이와 같지 않은가? 집에서는 최고인데, 학교나 사회에서는 존재감을 잃고 무시당하는 기분은 어떨까? 만약 당신이 쓴 책이 서점에서 구석에 숨겨져 있다면 어떤 기분이겠는가?

당신도 인생을 열심히 살았는데, 표현하지 못하고 인정받지 못해서 글이 형편없다면 얼마나 안타까운가? 인생이 남긴 삶을 후회하지 말고 질리지 않는 삶을 살아라. 당신의 내면과 외면을 멋지게 꾸미고 충만하게 채워라. 그리고 당신 인생을 한 권의 책으로 남겨라. 당신의 책이 독자들에게 오래도록 울림을 주는 아름다운 작품이 되길 바란다.

인생은 삶이고, 하나의 책이다. 좋은 책은 주제나 목차가 중요한 것이 아니다. 독자를 눈물 나게 하고 가슴을 울릴 수 있다면 그것이 좋은 책이다. 닫힌 마음을 열고, 뭉친 심정을 녹여주는 책을 쓴다면 당신은 최고다. 다양한 독자들이 당신의 책을 좋아할 수 있도록 최선을 다해 글을 표현해라. 그리고 최고로 멋진 인생을 하나의 책으로 남겨라.

65세에 작가가 되기로 결심했다. 나는 나이에 상관없이 꿈과 소망만으로 인생을 상상했다. 그리고 작가가 되기 위한 목표를 세웠다. 그때 나는 세상의 염려 99개를 창문 밖으로 내보냈다. 뇌와 정신은 받아들였지만, 마음이 적응되기까지 3년이 걸렸다. 그동안 시니어 작가가 된 사람은 많지 않았지만, 삼성의 이병철 회장이 73세에 시작했다는 사실을 알게 되면서 용기를 얻었다.

필자는 자신감을 얻기 위해 현대의 정주영 책을 읽으며 1960년대 한국 경제 발전의 중심이었던 삼성의 이병철과 현대의 정주영을 떠올렸다. 한국 경제의 부흥을 이끈 그들은 이제 시니어가 되었고, 그들의 정신을 이어받아 당신도 책 쓰기에 도전해야 한다.

성장이 멈춘 시니어의 심장에 다시 불을 지피는 유일한 방법이 있다. 그것은 지금까지 열심히 살아온 당신의 삶을 책으로 담아내는 것이다. 인생은 한 권의 책이다. 소중한 인생을 어떻게 기록할 것인지 이제는 생각해야 할 때다.

당신의 삶은 아직 미공개다. 지금이라도 당신의 비공개된 삶을 세상에 내보여라. 이왕이면 책을 써서 당신의 꿈과 아름다운 삶을 기록해라. 그렇게 한다면 당신의 인생은 마지막까지 최고로 빛날 것이다. 젊었을 때는 육체의 힘이 장사였다. 그러나 시니어는 정신의 힘이 강하다. 강한 정신으로 당신의 젊은 마음을 회복하면 당신은 다시 태어날 것이다.

과거는 이미 살아온 삶이기에 보인다. 보이기 때문에 참견하고 싶어진다. 그러나 남의 일에 참견하지 말고, 당신 일에만 신경을 써라. 이제부터는 현재의 나와 미래의 나만 생각하라. 그러면 당신은 미래의 나를 위해 노력하게 된다.

삼성의 이병철은 73세에 18년 만에 보스턴대 명예 경영학 박사 학위를 받았다. 그는 미국에 도착한 기회를 놓치지 않고, 삼성의 미래를 구상했다. 3주간 미국에 머무르며 삼성의 미래 계획을 세운 후 귀국했다. 목표가 생기면 즉시 실행하라. 시간이 지나면 기회는 사라진다. 당신의 목표를 이루기 위해 의욕이 생겼다면, 어떤 형태로든 방법이 나타날 것이다.

목적지가 있어 정상에 올랐다고 끝이 아니다. 정상에 오른 후 또 다른 목적지가 생기기 마련이다. 목적지 정상에 오른 사람과 산 중턱에서 돌아선 사람의 생각과 사고는 다르다. 당신은 산 정상까지 올랐고, 지금 내려가는 길에 있다. 새로운 꿈을 위해 다시 시작해라.

가족 경영도 사업과 같다. 서로 도우며 협력해야 무너지지 않는다. 당신부터 새로운 꿈을 심고 성장하는 모습을 보여라. 지금부터 자신을 위해 노력하라. 도전 정신을 가지고 새로운 일에 과감히 도전하라.

삼성 이건희의 말처럼 "뛸 사람은 뛰고, 걸을 사람은 걸어라. 걷기 싫은 사람은 앉아서 쉬어라. 인간은 놀라 해도 일하게 되어 있다. 남의 뒷다리나 잡지 말고, 가만히 앉아 있어라. 변하기 싫은 사람은 변하지 않아도 좋다. 그러나 방향은 같이 가자."

시니어 당신의 인생도 오직 한 방향으로 가라. 좌우로, 앞뒤로 생각하지 마라. 다른 사람의 생각은 머릿속에서 지워버리고, 오직 당신의 꿈을 향해 가라. 나를 먼저 일어서게 하고, 모두를 일어서게 해서 가르치는 사람이 돼라. 삼성의 이건희처럼 시니어 작가가 되기 위해, 당신의 인생과 삶을 한 권의 책으로 남겨라.

완성되지 않은 것을 완성해가는 과정이 바로 도전이며, 공부다. 완성된 것을 가르치는 것이 스승의 역할이다. 인생은 하나의 삶이 자, 삶은 곧 하나의 공부며, 배움이며, 교육이다.

당신의 교육 자료는 멀리서 찾지 마라. 하고 싶은 일, 배우고 싶은 것, 그것이 바로 당신의 교육 자료이자 배울 교과서다. 배움은 멀리 있지 않다. 당신이 활동할 수 있는 범위 안에 모두 존재한다. 목표를 크게 설정하고, 그것을 향해 도전하는 습관을 가져라.

무엇이든 도전하고, 배우기 시작할 때는 마치 사장이 된 것처럼 각오를 다져라. 어떤 일이든 돈을 들여 전문가에게 완벽하게 배워라. 그렇게 되면 당신은 그 분야의 주인이 될 수 있고, 선생이 될 수 있다. 배움은 작가로 나아가는 첫걸음이다.

평생 선생이 되어보지 못한 시니어도 있다. 그러나 염려하지 마

라. 기죽지 마라. 학교만이 아닌 인생의 현장에도 선생이 존재한다. 당신이 배워가며 경험한 좋은 것, 기쁜 것, 그것이 강의 자료가 된다. 지루하지 않은 삶의 이야기를 그거면 충분하다.

배운 것을 완성해서 누군가에게 가르쳐라. 돈을 받고 가르치는 것만이 선생이 아니다. 진심을 담아 가르칠 수 있는 자가 선생이다. 당신이 가르치는 처지가 되면, 이미 남들보다 앞서 있는 것이다.

지금 당신은 가르치는 사람인가? 아니면 배우는 사람인가? 목표를 선택해라. 인생의 미래 설계는 당신의 유익에 중심을 두고 현명하게 결정해야 한다.

대다수 사람은 돈이 생겼다가 사라지고, 사라졌다 다시 생긴다. 누구나 공통된 경험이다. 사람은 가진 것을 잃고, 또 새로운 것을 얻게 된다. 돈도 소중하고, 사람도 소중하다. 가족도 재산이다. 직장도 가족이다. 함께 협력하고 서로의 기쁨을 나눌 때, 삶은 행복해진다. 이런 삶이 당신의 인생에 담길 한 권의 책이다.

오늘의 일은 오늘 마무리하자. 기쁨도 미루지 말고 오늘 누리자. 모든 일에는 순서가 있다. 그러나 일을 앞당겨 해결하고자 한다면 당신은 누구보다 많은 일을 해낼 수 있다. 일은 인생의 동반자이자 성장의 발판이다.

영화 '위대한 개츠비'를 보고 깨달았다. 인생은 목적지에 있는 것이 아니라 여정 속에 존재한다는 것을. 현재의 순간을 즐기고 감사하며 살아야 한다는 것을.

사람의 마음은 돈으로 살 수 없다. 중단 없이 이어지는 삶을 대신할 수도 없다. 내가 시작하지 않으면 그것은 나의 것이 되지 않는다. 내가 시작해야만 그것은 내 것이 된다.

인생의 참맛은 목적지에 있지 않다. 인생은 여정이다. 나는 작가가 되기 위해 꿈을 이루었고, 결국 65세에 작가의 삶을 살고 있다. 당신도 꿈틀거리지 말고, 행동하라. 당신의 자아 껍질을 깨부수고 바깥세상에서 당신의 꿈을 이루어라.

사랑은 가장 가까이에 있다. 진심 어린 한 마디가 사랑의 표현이다. 내 안에 있는 나를 외면하지 말고, 나를 위한 꿈을 만들어라. 내 안에 있는 나의 마음을 존중하고, 나를 위해 살아 보라. 사람은 타인을 중심으로 살아가는 방식에 익숙해 있다. 허망한 억만장자의 자산보다, 나의 작은 소망이 당신에게 더 큰 힘이 될 수 있다. 당신의 꿈을 당신의 내면에서 끄집어내라.

지금 즉시 실행해라. 시작은 반이다. 목적지로 가는 여정이 오래 걸릴 수 있다. 목적지를 향해 가는 과정에서 경로를 바꾸어 갈 수도 있다. 인생의 길은 끊임없이 변경되고, 끊임없이 이어진다. 자연의 섭리는 외부에만 존재하지 않는다. 내부의 마음에도 존재한다. 내부의 일과 외부의 일이 다르기에, 인생은 질리지 않고 계속 전진하는 것이다.

삶을 일이라고만 생각하지 말고, 즐거움이 함께 포함된 일을 선택해라.

필자는 요즘 이런 생각을 한다. 지금은 시니어의 천국이다. 시니어는 산전수전을 겪으며 무에서 유를 창조한 살아 있는 전설이다. 시니어는 세상의 위치를 잘 아는 '소우주'다. 당신이 긍정적인 마음을 갖추면, 당신은 삶을 초월한 신이 된다. 진리는 모든 것에 소통한다.

시니어, 당신의 사회적 직업은 끝났을지 몰라도, 마음의 직업은 지금부터 시작이다. 남의 눈치 보지 말고, 당신을 가꾸어라. 외모뿐만 아니라 마음도 가꾸어라. 당신이 만든 좋은 사회는 곧 당신의 세상이다. 국가가 경제 성장으로 시니어에게 용돈을 준다. 교통비도 65세 이상은 가까운 거리는 무료고, 장거리도 반값이다. 시니어, 당신이 만든 문화생활과 사회의 혜택을 마음껏 누려라.

성장하고 싶은 삶의 길은 얼마든지 있다. 당신이 찾지 않을 뿐이다. 당신이 만들어 놓은 세상, 과거의 삶과 비교해보라. 현재는 천국이다. 돈이 들지 않고 할 수 있는 일도 많다.

직업은 많지만, 당신이 원하는 일을 찾지 못했을 뿐이다. 누군가를 돕겠다고 생각하고, 배움의 시작이라고 여겨라. 새로운 일에 도전하라. 당신의 인생을 책으로 남겨라.

세대 간의 차이를 넘어 가족의 화합을 위해서는 모두가 좋아하는 평범한 음식을 선택하라. 어른이 먹고 싶은 것만 고집하지 마라. 어른은 평생 자기가 익숙한 음식만 먹으려 하고, 아이들도 새로운 음식을 두려워한다. 가족 모임에서는 어른의 입맛을 양보하고, 후세대가 좋아하는 음식을 함께 나눠라.

나는 지금도 신시대의 변화에 발맞추고 있다. 때로는 후세대가 좋아하는 음식에 나를 맞추고 있다. 당신도 후세대의 상황을 이해하고 받아들여라. 인생의 전환, 시니어는 받기만 하지 말고, 후세에게 줄 수 있는 사랑을 베풀어라.

우주의 축소는 가정에 있다. 그리고 그 축소된 우주는 결국 내 안에 있다. 나를 경영하고, 가정을 경영하고, 가족을 경영하라. 이 세상에서 가장 소중한 것은 가족이다.

시니어, 당신이 최고다. 인생을 글로 남기고, 책으로 엮어라. 한국의 시니어는 나라를 일으켰고, 가족을 먹여 살렸으며, 가정을 지켜왔다. 당신의 인생이야말로 진정한 한 권의 책이다.

살아온 경험과 경력이 있다면, 그 경험과 경력은 당신의 잠재력이다. 당신의 잠재력을 일으키고 세상에 펼쳐라. 그러면 그 힘이 당신을 다시 세울 것이다.

삼성 이병철이 73세에 전자 산업을 개혁한 것처럼, 당신도 당신의 인생을 책으로 남겨라. 과거와 지금을 비교해보라. 당신은 이미 인생의 승자다.

삶은 하나의 밭이고 일터다. 한곳에 정착해 살아가는 사람도 있고, 떠돌아다니는 사람도 있다. 그러나 이런 인생을 어찌 서로 비판하고 비교할 수 있단 말인가? 지금까지 열심히 살아왔기에, 좌절해도 다시 일어섰기에 당신은 이미 성공했다. 중요한 것은 살아 있다는 것이다.

포기하지 않고 도망치지 않았다. 누구나 똑같이 받는 평점이다. 그래서 인생은 하나의 책이다. 시니어, 당신도 작가가 되고, 용감한 도전에 몸을 던지는 모험가가 되어야 한다. 인생이란 모험이기 때문이다. 위험을 감수하지 않는 자는 아무것도 기대할 수 없다.

소통하고 함께 가는 길이다

~~~~~~

소통하고 함께 가는 사람들 중 요즘 젊은 세대에서 명성을 얻고 있는 한국인 미국 김승호 CEO와 '한국인 영국 켈리 최' CEO는 어떻게 성공하게 되었을까? 시니어든 청년이든 성공의 기본은 같다. 이들이 성공 초기에 어떻게 일어섰는지, 나는 배우는 태도에서 나의 견해를 논하고자 한다.

김승호 CEO는 자주성을 바탕으로 일곱 번이나 사업 실패를 겪으며 돈을 다 잃었지만, 포기하지 않았다. 그의 성공 뒤에는 '100번 쓰기'와 '상상 기도'라는 습관이 있었다. 어릴 적부터 그는 내성적이었으나, 학교 선생님의 도움으로 좋은 책 리스트를 추천받아 순서대로 읽어나갔다. 그 실천은 그의 인생을 변화시켰고, 그에게 첫 번째 꿈을 심어주었다.

그의 첫 꿈은 같은 학년의 여학생을 사랑하게 되면서 시작되었다. 그는 그 여학생을 미래의 신부로 마음에 담아두었고, 100번 쓰기와 매일 간결한 소망을 품으며 기도했다. 매일 소망을 상상하며 "당신은 이미 내 것이다"라고 외쳤다. 그의 간절한 기도와 목표는 조금의 빗나감도 없이 정확하게 명중했다. 결국 그는 그 여학생과 결혼에 성공했고, 행복한 삶을 살겠다는 선언을 이루었다.

그의 성공은 여기서 멈추지 않았다. 그는 부부의 초심을 잃지 않고, 가정과 사업을 동시에 성공시켰다. 가정에서의 성공은 곧 직장과 사업에서도 이어졌다. 매일 '상상 기도'와 '100번 쓰기'라는 습관을 꾸준히 실천한 덕분에, 그는 자신의 꿈과 상상력을 실천해 나갔고, 신뢰와 믿음으로 자기의 꿈을 키워갔다. 매일 집안 관리, 이웃 관리, 직원 관리를 통해 축복의 땅을 넓혀갔다.

김승호는 가족을 회사를 운영하듯, 회사를 가족처럼 운영하며 직원들을 미래의 주인으로 키워냈다. 이는 마치 앤드루 카네기가 250명 이상의 재능 있는 인재들을 키워냈던 방식과 유사했다. 김승호 역시 직원들을 '가족 나무'처럼 키웠고, 그 결과 직원들의 미래가 곧 회사의 미래가 되었다. 사람은 천부적인 봉사 정신이 없이는 사업의 기초에서 급성장할 수 없다.

김승호는 자신의 성공을 모소대나무의 성장과 비교할 수 있다. 모소대나무는 처음 4년간 뿌리에서만 영양분을 먹고 땅속에 잠재해 있다가 5년째가 되면 하루에 120cm씩 자라난다. 어떤 일이든 초기에는 뿌리를 깊이 내리고 쉬어가는 시기가 필요하다. 그 시기에 사람들은 종종 실수를 범한다. 바로 '돈 계산'을 먼저 하는 것이다. 자신의 기술과 에너지가 아직 움직이지도 않았는데 계산부터 시작하려는 것이다. 김승호의 성공 비결은 이런 계산을 제쳐두고, 먼저 몸과 마음을 움직여 일을 습관으로 만드는 데 있었다.

새로운 일을 시작할 때는 계산을 미리 하지 말고, 몸을 먼저 풀어라. 몸도 풀리고 마음도 적응되면, 일이 습관이 되고 그때 비로소 대가를 받을 수 있다. 김승호 CEO의 성공은 바로 이러한 철학을 기반으로 이루어진 것이다.

어떤 사업이든 초기에는 무보수로 시작한다는 마음가짐과 봉사 정신이 필요하다. 회사가 성장하는 것도, 성공하는 것도 이러한 태도가 바탕이 되지 않으면 불가능하다. 만약 운이 좋아 급성장하더라도, 이러한 마음가짐 없이 얻은 성공은 쉽게 유지되지 않는다. 급하게 올라간 만큼 하락하기도 쉽기 때문이다. 그러니 급여를 먼저 계산하고, 좋은 일만 골라서 하려는 행동은 피해야 한다. 과거에도, 미래에도 천부적인 사람들은 일자리가 넘친다. 반면, 이기적인 사람은 일자리가 점차 고갈될 것이다.

일은 시니어도, 청년도 찾으면 있다. 다만 하기 싫어하고, 일할 의지가 없을 때 일이 없는 것이다.

김승호는 미국에서 종교 활동과 함께 성장하려고 했다. 하지만 그곳의 종교와 한국의 종교가 다르다는 점을 깨달았다. 그런데도 종교의 삶을 잘 믿어보려고 몸부림쳤다. 그러던 어느 날, 주차장에서 하나님의 진리를 깨닫게 되었다. 그는 "예수님처럼 그런 사람이 되겠다. 나도 예수님처럼 사랑과 봉사 정신을 갖고 이웃을 내 몸처럼 대하겠다"라며 스스로에게 다짐하고 선언했다.

그날 이후, 그는 큰 바다 같은 마음을 품게 되었다. 진리를 깨닫고 나서, 그는 '목계지덕(目稽之德)'의 정신을 완성하고, 중국의 모소 대나무처럼 성장해 나갔다. 시니어, 당신도 이들과 소통하면서 진리 속에 당신의 나무를 심어라. 성공한 사람의 정신을 이어받아라. 당신도 충분히 작가가 될 수 있다.

당신도 그들의 성공 기술을 배우고, 그들의 삶과 마음 관리, 그리고 자기 관리를 배워 성장하는 데 힘을 얻길 바란다. 성공한 자는 실패를 거듭하면서도 성공의 꿈을 포기하지 않았다. 돈의 흐름이 나올 때까지 계속해서 방법을 연구하고, 찾을 때까지 포기하지 않았다. 여러 사업을 진행하면서 불황에도 성공할 수 있는 사업을 찾았고, 결국 성공의 씨앗을 발견했다.

김승호는 끊임없는 노력과 창의적인 아이디어로 스노우폭스 김밥 사장이 되었다. 그는 계절을 타지 않고 불황기에도 유지할 수 있는 사업을 선택했다. 필자 또한 시니어가 되기 전부터 수십 년간 노력을 반복했다. 필자는 노년이 되면 사회와 직장에서의 직업이 줄어들고 경쟁력이 약해질 것을 예상했다. 그래서 돈이 들지 않고, 사회나 직장이나 사업자들과 경쟁하지 않으며, 내가 노력한 만큼 수익이 나는 직업을 찾았다.

건강만 유지된다면, 한 평짜리 공간에서 일을 할 수 있는 직업, 바로 책 쓰는 작가가 가장 이상적이라고 생각했다. 시니어인 당신도 충분히 가능하다. 작가들과 소통하고, 그들이 쓴 책 속에서 당신의 삶의 방향성과 꿈을 찾아라.

당신이 하는 일이 잘 풀리지 않더라도 실망하지 마라. 어렵고 힘든 일도 결국 바람처럼 사라진다. 우리는 살기 위해 태어났고, 할 일이 있어서 이 세상에 존재하는 것이다. 지금 당신이 하고 있는 일을 모두 마쳐야만 새로운 일을 할 수 있다. 만약 지금 하는 일이 감당되지 않으면, 직업을 변경하거나 업종을 바꿔라. 새로운 환경으로 바꾸는 것도 방법이다. 간절한 소망을 품고, 당신을 만든 신에게 기도하라. 그리고 당신이 앞으로 수십 년간 할 수 있는 직업을 선택하라.

한 가지 목적을 수십 년 동안 경영하면, 당신은 100년이 지나도 질리지 않고 일을 할 수 있을 것이다. 자기 관리는 성공의 기본이다. 당신이 정말 일을 하고 싶은 마음과 믿음이 있다면 무엇이든 가능하다. 당신의 영혼에 희망을 주어라.

소통하고 함께하는 사람, 한국 국적의 영국인 켈리 최를 나의 롤모델로 삼는다. 그녀는 《시크릿》을 수십 번 읽으며, 성공한 사람들의 전문 지식을 내 것으로 만들었다. 사람이 실패하거나 충격을 당하면, 정신이 멍하고 자기중심을 잃게 된다. 켈리 최도 마찬가지였다. 그녀는 2년 가까이 거울로 자신의 모습을 바라보지 않았다.

그녀는 최고가 되기 위해 한국에서 일본으로, 다시 파리로 갔다. 하지만 그곳에서의 도전은 친구와 함께한 자기 전공이 아닌 사업으로 이어졌고, 결국 참담한 실패를 겪었다. 이론과 현실은 다르다는 것을 그는 뼈저리게 깨달았다.

사업 기초 지식이 부족했던 켈리는 무거운 빚더미에 앉게 되었고, 그 빚은 그녀를 숨 쉴 수 없게 만들었다. 심한 우울증에 시달리던 그녀는 죽고 싶다는 생각마저 들었다. 그러나 어느 날, 거울에 비친 자신의 모습을 보고 큰 충격을 받았다. 켈리는 결심했다. "켈리야, 너는 이미 죽었다. 내일부터는 엄마가 바라는 꿈을 위해 살아가자. 나의 꿈은 이미 실패했지만, 엄마가 원한 꿈을 이루어 드리겠다." 그녀는 거울 앞에서 자신에게 다짐했다.

그 후, 건강을 되찾기 위해 걷기부터 시작했다. 걷기 시작하자 정신이 맑아졌고, 그제야 그녀는 자신의 꿈과 할 일을 차례차례 정리할 수 있었다. 새로운 직장을 구하기 위해 광고를 보며 여기저기 지원했으나, 그를 채용해줄 사람은 없었다.

그렇게 돈을 벌지 못하던 그녀는 "사장이 되겠다."라고 결심한다. 무엇을 해야 할지 몰랐던 그녀는 많은 책을 읽으며 사장이 되기 위한 성공의 기초 지식을 쌓았다. 불황에도 유행을 타지 않는, 계절과 관계없이 잘될 수 있는 사업을 찾았다. 자본이 없어도 할 수 있는 메뉴를 정하고, 미래 사업을 이어갈 수 있는 청년들을 키우겠다고 다짐했다. 청년들을 성장시키며, 가족처럼 일할 수 있는 사람을 찾았다.

청년들과 함께 불황에도 흔들리지 않는 사업, 즉 마케팅 시스템을 구축했다. 켈리의 목표가 정해졌다. 그녀는 자신이 좋아하는 초밥을 만드는 사업을 시작했다. 성공한 사람들의 리스트를 찾아보며, 초밥으로 성공한 사람들을 연구했다. 그녀는 김밥으로 성공한 미국의 김승호 회장을 찾아갔다.

김승호 회장은 두 여자가 자신의 사업 운영 시스템을 통째로 배우고 싶어 찾아온 것이 신기하다고 말했다. 그들에게 상세히 가르쳐주었고, 그중 한 사람은 중국으로 돌아가 북경 근처의 슈퍼마켓에 매장을 열었고, 켈리는 프랑스에서 가장 큰 슈퍼마켓과 협상하여 매장을 열기 시작했다.

두 사람의 차이는 분명했다.

"한 사람은 사업을 배우려 했고,
또 다른 한 사람은 내 삶을 배우려 했다."

사업을 배우려 했던 이는 열 개까지 매장을 열었으나, 사업의 복잡한 법과 시스템에 질려 포기했다. 그러나 삶을 배우려 했던 켈리는 유럽 전체에 빠른 속도로 매장을 보급해 나갔다.

이처럼 죽음의 문턱까지 갔다 온 사람도, 빚더미에 깔린 사람도 살고자 하는 열정이 있다면 성공할 수 있다. 그리고 그 열정이 있다면 성공의 법칙을 가르쳐줄 사람을 만날 수 있다. 젊은 열정은 젊은이들만의 전유물이 아니다. 시니어인 당신도 마음의 열정은 젊은이들을 능가한다. 당신도 당신의 소중한 삶을 드높일 수 있는 도전을 시작하라.

자신의 인생을 세상에 알린다

2000년 초에 인터넷 사업의 성공으로 세상을 떠들썩하게 한 알리바바를 모르는 사람은 없을 것이다. 마윈은 자신의 경험을 말할 때마다 알리바바가 무엇이냐고 묻는 말에 진지하고 성실하게 답한다. 끊임없이 변화하는 현실에서 한 가지 표준 답안을 내놓는 일은 매우 어렵다. 창의적인 사람은 많지만, 이를 실천하는 사람은 드물다.

마윈은 이 문제를 손정의 회장과 토론한 적이 있다. 일류의 아이디어에 삼류의 실천 능력과 삼류의 아이디어에 일류의 실천 능력 중 무엇이 더 중요한가에 관한 토론이었다. 두 사람의 의견은 하나로 일치했다. 삼류의 아이디어라도 일류의 실천 능력을 갖춘 것이 더 중요하다는 것이다.

마윈은 인터넷 사업으로 성공했지만, 시니어인 당신은 글을 써서 성공하라. 글을 쓰는 데는 나이가 상관없다. 삼류의 머리든 일류의 머리든, 창의성을 가진 아이디어가 성공한다. 당신이 작가가 되어 좋은 글을 쓰고, 이를 독자에게 전달하는 것도 작가의 역할이다. 좋은 것들을 당신의 마음으로 요리하여 전달하는 기쁨은 최고다.

삶은 미지의 세계다. 마음은 따뜻하고 아름다워야 한다. 따뜻하고 아름다운 마음을 가진 사람이 글을 써서 세상에 내놓는다면, 그 글은 차가운 마음을 녹일 수 있다. 다양한 지식과 경험을 나누고, 타인의 삶에 도움을 주며, 함께 성장하는 삶이 최고 인격이다.

넷플릭스 시리즈 '오징어 게임'을 보면, 돈의 주인이 되지 못하고 돈의 노예가 된 사람들이 등장한다. 그중 마음이 아름다운 사람이 결국 돈의 주인공이 된다. 동료 간의 의리를 다루는 이 시리즈는 나에게 깊은 감명을 주었고, 나 자신을 돌아보게 했다.

시니어는 사회에서 일할 기회가 많지 않다. 그래서 작은 우리라고 부를 수 있지만, 책을 쓰면 큰 우리가 될 수 있다. 책 쓰기는 독립된 직업이자 자유로운 직업이다. 시니어 작가는 자신의 삶에 창의성을 더해 작가의 길을 걷는 것이다. 시니어 정신은 나이가 들수록 더욱 깊어진다. 정신은 신체와 달리 나이를 먹지 않고, 더 신령해진다.

정신을 자주 사용할수록 창의성, 상상력, 사고력, 감정 이해력, 운동 능력, 기억력이 좋아진다. 시니어는 젊음의 신체는 아니지만, 세상 경험이 풍부하고, 인생 철학이 있다. 그것을 잘 만들고 다듬어서 글을 쓰는 작가가 되어라. 세상 경험과 인생 철학을 글로 잘 다듬어, 작가가 되어라.

어린아이는 세상을 처음 마주하기에 두려움이 있다. 시니어는 변화하는 세상에 적응하기가 두렵다. 그러나 새로운 것을 마주할 때 인간은 종종 두려움을 느낀다. 미지의 것이 적대적인 존재라도 그 정체가 밝혀지면 안도감을 느끼지만, 모르면 상상을 통해 두려움을 키우게 된다.

변화하는 삶 속에서 어떻게 변화를 받아들여야 할까? 먼저 내가 변화를 받아들이고, 나의 성장을 위해 조금씩 변화해 나가야 한다. 탄탄하고 오래가는 성장은 나를 더 강하고 지속해서 만들어 준다.

미지의 존재와 마주했을 때, 두려움을 극복하고, 몰랐던 자신의 재능을 발견하라. 미지의 존재는 우리를 자극하고 매혹한다. 이를 두려워하지 말고 받아들이며 자유롭게 대면하자. 그리고 뇌가 미지의 것에 적응하도록 환경을 만들어 주어라. 미지의 존재는 당신이 일하게 할 새로운 도전이 될 것이다.

한국의 시니어들은 이미 한 세대를 일으켜 세운 전설 같은 존재다. 그렇지만 이제는 새로운 문화를 만들어 나가야 한다. 그 문화는 책 읽기와 책 쓰기다. 책을 많이 읽으면 인성과 지식이 충만해지고, 만족한 삶을 살게 된다. 글자를 배우지 못했다면 한문이든 영어든 무엇이든 배우라. 인생 40세가 되면 학벌도 중요하지 않다. 그때는 사회에서 배운 것을 실천하는 때이기 때문이다.

지나간 것은 현재와 미래에 필요 없다. 배우고 싶은 것을 다시 배우고, 하고 싶었던 것을 다시 하라. 무엇이든 해보고 싶은 것부터 먼저 시작하라. 그러면 행복하고 즐거운 삶이 될 것이다. 배움에 투자하는 것은 당신 자신에게 가장 큰 선물이다.

봉사 정신으로 시작하라. 먼저 나를 움직이게 하고, 주변 사람들을 움직이게 하라. 롤 모델을 세우고, 꿈을 앞당기기 위해 노력하라. 마윈이 처음 인터넷 사업을 시작했을 때, 모두가 반대했지만, 그는 자신의 목표를 실천했다. 당신도 작가가 되는 꿈을 가질 수 있다. 세상의 귀를 닫고 실천해 나가라.

작가가 되는 길은 어렵지만, 그 열정과 의지로 당신의 이야기를 세상에 전하라. 당신의 삶은 분명 가치 있는 이야기가 될 것이고, 그것을 통해 세상에 새로운 변화를 불러올 것이다.

삶과 일터에서 최선을 다해 일하라

삶과 일터에서 자기 일처럼 최선을 다해 일하는 사람은 반드시 알아보는 이가 있다. 그들은 결국 성공한 사람들의 눈에 들어가게 되고, 우연한 기회를 통해 그들과 만나게 된다. 그러나 그러한 기회가 모든 사람에게 오는 것은 아니다. 천운을 타고난 사람만이 이와 같은 우연을 맞이하게 된다. 성공한 사람들은 최고가 되기 위해 최선을 다해 배우고 노력하며, 자기 자신을 꾸준히 성장시키기 위해 평범한 사원일 때부터 철저한 목표와 계획을 세우고 실행에 옮긴다.

예를 들어, 마윈은 자신의 꿈과 희망을 이루기 위해 기본적인 기초 작업을 철저하게 준비하고 직접 경영했다. 사업 초기에 그는 크고 작은 일을 손수 해내며 경험을 쌓았고, 사람 관리에도 능했으며, 서로 돕고 함께 성장하는 기업 문화를 만들었다. 결국 그는 가슴 뛰는 일을 하며 자신의 꿈을 이루었다.

1960년대 한국은 빈곤의 시대였다. 한국의 시니어들은 당시 한국 경제를 일으킨 살아있는 전설이다. 지금의 한국이 있기까지, 그들은 그 시대를 함께 헤쳐 나왔고, 가족을 부양하며 국가 경제를 일으켰다. 이제 그들이 모여 새로운 문화를 만들어야 할 시기다.

책 읽기와 책 쓰기야말로 시니어가 자신만의 문화를 만들어가는 가장 좋은 방법이다. 책을 많이 읽으면 인성과 지식이 쌓이면서 만족한 삶을 이룰 수 있다. 만약 글자를 배우지 못했다면, 지금부터 한자, 영어, 한글을 배우는 것도 늦지 않다. 배우지 못해서 이렇게 되었다는 말은 하지 마라. "나는 할 수 있다"라는 긍정의 문장을 사용하라. 인생은 40세 이후가 중요하다. 그때부터는 학벌이 소용없고, 사회라는 새로운 학교에서 다른 과목을 배우기 때문이다. 75세가 되면 '칠 학년 오반' 인생 학교가 되는 셈이다.

지나간 것은 과거일 뿐, 현재와 미래에 필요 없다. 배우고 싶은 것을 다시 배우고, 하고 싶었던 것을 다시 하라. 새로운 것을 배우면 설렘과 기다림이 따르고, 궁금증도 생긴다. 무엇이든 해보고 싶은 것부터 먼저 시도하라. 그런 다음 전문성을 키워라. 행복하고 즐거우면서도 돈까지 벌 수 있다면, 당신은 정말 멋진 삶을 사는 것이다.

봉사는 스스로 해야 한다. 먼저 자신을 움직이게 하라. 그런 다음 이웃과 가까운 사람들을 움직이게 하고, 누군가를 위해 있는 것을 함께 공유하라. 잠자고 있는 당신의 마음을 움직여줄 롤모델을 정하고, 그것을 목표로 삼아 시작해 보라. 그러면 당신의 꿈이 더 빨리 앞당겨질 것이다.

마윈이 초창기에 함께 일했던 동료들도 마찬가지다. 그들은 모두 꿈과 희망을 먼저 생각하고 자신의 목표를 철저히 준비했다. 순수한 믿음, 신뢰, 협력, 기술, 그리고 시간을 함께 공유해 창업했다. 이러한 협력 정신 덕분에 알리바바라는 글로벌 기업이 탄생할 수 있었다. 마윈은 성공한 후, 초창기 함께 일했던 직원들에게 지분을 나누어 주었고, 도움을 준 사람들에게도 그 보상을 나누어주었다.

시니어가 작가가 되겠다고 하면 반대할 사람이 많다. 마윈처럼 당신도 외면당할 것이다. 하지만 자신의 삶은 스스로 결정하고 창조하는 것이다. 그래서 말한다. 삼성의 이병철이 반도체 사업을 하겠다고 했을 때, 직원들이 모두 반대했지만, 그는 해냈다. 그러니 당신도 하고 싶은 일을 말하지 말고 자신의 목적을 정해 묵묵히 나아가라. 세상의 귀를 닫고 실천하면 다 이루어진다.

마윈은 생활비만 남기고 자금을 빌려서 1995년 4월, 중국의 첫 번째 인터넷 비즈니스 회사인 '항저우 하이보 컴퓨터 서비스 유한 공사'를 설립했다. 그리고 넉 달 후, 중국에 처음으로 인터넷이 개통되었다. 작가도 사업이다. 사업자는 바로 당신 자신이다.

당신의 가족이 신용카드를 사용했을 때 카드 납부를 당신이 해결해 준 적이 있는가? 가족이나 직장 동료가 당신의 카드로 자동차를 구매한 적이 있는가? 그렇다면 남을 위해서는 기꺼이 신용카드를 사용하면서, 정작 본인을 위해 배움에 투자해본 적은 있는가? 지금부터라도 당신 자신에게 투자하라. 돈을 주고 배운 것은 돈을 벌어준다. 공짜로 배운 것은 돈이 되지 않는다. 전문가에게 배워라. 돈이 들어가지 않으면 전문가의 기술을 배우지 못한다.

무엇이든 배우는 열정이 식기 전에 작가가 돼라. 그래야 열정도 생기고, 의욕도 생기며, 책 한 권에 그치지 않고 작가로서 더 많은 좋은 글을 쓸 수 있는 전문가가 될 수 있다.

나폴레옹 힐에 관한 얘기를 들어보자. 철강왕 앤드루 카네기와 성공 철학을 만든 나폴레옹 힐의 입장을 생각해보라. 카네기는 천부적인 사람을 찾았다. 그가 찾은 사람은 평생 봉사 정신을 타고난 사람이며, 지식과 인간관계를 통해 막대한 재산을 모을 수 있다는 것을 증명할 사람이다.

힐은 카네기의 첫 번째 성공 철학 실습생이 되었다. 그 후, 카네기가 제공한 재료와 성공 교훈을 바탕으로 그는 성공 철학을 완성했다. 성공은 봉사와 무보수로 시작하는 사람에게도 열린다. 당신의 독립과 성장도 바로 이곳에서 시작된다.

어떤 일을 하든지, 시니어는 항상 무보수로 시작해라. 봉사활동을 통해 당신의 삶이 더욱 풍요로워질 것이다. 봉사는 당신의 무보수 노동을 통해 이익보다 더 큰 가치와 의미를 만들어 준다. 시니어는 '할 일이 없다'고 말하지만, 그렇지 않다.

시니어가 할 일은 무궁무진하다. 밥을 하고, 청소하고, 화초를 돌보고, 아이를 돌보며 심부름을 해주는 것 모두가 봉사다. 남들을 위해 일하는 것처럼, 나의 가정을 위해 봉사하라. 나이는 숫자에 불과할 뿐이라고 생각하고, 새로운 인생 도전을 결심하고, 행동으로 옮기는 순간, 일상이 훨씬 더 풍요로워질 것이다.

제 3 장

인생 60은 누구나
인생 고수다

"남을 앞설 수 있는 탁월함, 즉 엑설런스(Excellence)가 있으면 누구나 성공할 수 있다. 그렇다면 현재 자신에게 엑설런스가 없다면 어떻게 해야 할까?

내가 경영의 대가 Guru 자리에 오른 것도 엑설런스를 추구했기 때문이다. 엑설런스의 자리에 오르기 위해 나는 끊임없이 초우량 기업의 비밀을 연구했다. 그리고 1982년 〈초우량 기업의 조건〉이라는 공동 저서를 펴냈다. 내가 추구했던 엑설런스는 단숨에 이 책을 베스트셀러 반열에 올려놓았다. 이후 30년 가까이 나는 '엑설런스의 위대함'에 대해 힘주어 이야기하고 있다. 엑설런스가 이렇게 중요하기 때문에 나는 엑설런스란 단어를 쓸 때 대문자 'E'로 쓴다."

_톰 피터스, 《리틀 빅 씽》 p.39~40

시니어는 누구나 인생 고수다

~~~~~~

시니어는 누구나 인생 고수다. 파란만장한 인생을 다 겪은, 한마디로 인생 베테랑이다. 이런 시니어에게는 책 쓸 거리가 많다. 우리가 가진 것은 없어도, 돈으로 바꿀 수 없는 소중한 삶의 경험과 가치들을 글로 표현할 수 있다. 시니어인 당신도, 자신의 삶과 마주하며 한 번쯤 자신의 이야기를 기록해 보라.

시니어의 삶을 아름답게 꾸며라. 봉사하며 많은 이들을 간접적으로 가르치고, 상담하며, 함께 살아온 당신의 인생은 그 자체로 빛난다. 그들 중에도 목적을 갖고 꾸준히 노력한 사람은 분명 큰 변화를 이루었다. 변화는 누가 대신해주는 것이 아니다. 자신의 삶을 스스로 변화시키는 사람만이 진정한 변화를 이룰 수 있다.

성경책 첫 장에 사도신경, 주기도문, 십계명이 적혀 있다. 한국은 세계에서 종교인이 가장 많은 나라 중 하나다. 한국인의 절반은 한 번쯤 교회에 다녀온 경험이 있을 것이다. 그렇지만 구원의 글자 앞에 소망 없는 사람이 있을까? 나는 나를 구원하기 위해 십계명 지키기를 실천하기로 했다. 남을 구원하려다가 자기가 오히려 무너질 수도 있다. 남의 영혼을 구원하다가 내 영혼을 잃어버리는 일도 있을 수 있다. 종교의 법칙을 가족의 법으로 사용해보자. 지키기 어려운 십계명도 사랑과 용서, 믿음이 있다면 가능한 일이다.

나를 위해 "스스로 일하는 자"라고 자신을 호칭해 보았다.

시니어 작가가 된 나의 현실은 어떻게 변했을까? 무섭고 두려운 마음이 사라졌다. 내성적인 나는 '주는 것'에만 익숙해져 있었다. 남에게 전달하는 데만 익숙했다. 그래서 나는 수천 권의 책을 읽었고, 그 후 내적인 느낌을 다른 사람이 받아들일 수 있도록 외적인 언어로 표현해낼 수 있었다. 성경 언어와 종교 언어를 표준어로 바꾸어 전달할 수 있게 되었다. 성경 언어에 익숙했던 나의 삶이 이제는 표준어로 표현되며, 책을 쓰기 위해 내적 세계와 외적 세계를 조화롭게 연결할 수 있게 되었다. 내 성장의 결과, 나는 좋은 글을 쓰는 작가가 되었다.

그렇지만 시니어인 나는, 내 인생을 다시 한번 새롭게 살기 위해 마음먹었다. 반드시 작가의 삶을 살아 보겠다고 선언했다. 종교적 언어는 기본과 기초가 되었다. 이제부터는 표준어를 배워야만 글을 잘 쓸 수 있다는 것을 알았다. 시니어인 나부터 먼저 보여주고자 한다.

당신도 작가가 되고 싶은가? 시니어인 나를 보고 무작정 따라 해 보라. 그러면 수개월 안에 당신도 작가가 될 수 있다.

외국 영화 *잔 다르크*의 주인공은 가끔 나에게 내면의 힘을 준다. 스스로 일하는 자는 보이지 않는 길을 가는 입장이다. 가끔은 무서움과 두려움이 있기도 하다. 하지만 나만 처음 가는 길은 아니다. 우리는 모두 처음 해보는 길을 가고 있다. 시니어인 당신도, 과거에는 모든 것이 처음이었음을 기억하라. 과거에도, 현재에도 새로운 것을 배우기 위해 쉬지 않고 노력해왔다. 그렇지만 이제는 책 쓰는 것도 배워보라.

포기하지 마라. 잠시 쉬었다가 가도 되고, 다른 일을 하며 숨을 고를 수도 있다. 인생이 무섭다고 멈추면, 시니어 당신의 삶은 성장이 멈춘 죽은 나무와 같아진다. 성장이 더디다고 해서 급하게 마음먹지 마라. 당신의 성장 속도가 느리다고 좌절하지 마라. 시니어도 성장할 수 있다. 해마다 묵은 나무도 꽃은 피우듯이, 성장하는 시니어의 모습은 가족에게도 큰 기쁨을 준다.

시니어, 당신의 삶을 책으로 남겨라. 과거의 경험과 교훈을 통해 당신의 이야기를 써 내려가라. 나의 이야기를 나만의 글로 만들어 가라.

시니어는 책 쓸 거리가 있다. 시니어가 알아야 할 것은 '성장을 멈추지 않는 것'이다. 과거의 나를 버리고 비워라. 만약 당신이 지금 할 일이 없다면, 이런 변화도 하나의 일이 될 수 있다. 시니어가 평생 고치지 못했던 습관을 지금이라도 고쳐보자. 남 탓만 하지 말고, 나의 잘못이 무엇인지 돌아보라. 내가 함께 사는 가족의 단점만 지적하지 말고, 나의 잘못된 습관을 스스로 고쳐보자. 이것도 성장이며, 나를 변화시키는 첫걸음이다.

상대는 나를 볼 수 있지만, 나는 나를 보지 못한다. 나의 단점은 가족도 따라 하고 습관이 된다. 상대의 단점을 지적하기에 앞서, 자신의 행실에 문제가 없는지 점검해보라. 내가 나의 단점을 볼 수 있는 순간, 비로소 그것은 고쳐질 수 있다. 한 집에 수십 년을 함께 살아가며 생긴 좋지 않은 습관은 상대도 모르게 따라 하게 된다. 내가 나를 고치면 상대도 나를 본받아 변화될 것이다.

과거의 경험을 잠시 이야기해보자. 자영업을 할 때의 일이다. 업소의 내부 온도와 외부 온도 차가 심했기 때문에 하루에 수십 번을 드나들어야 했다. 그 때문에 겨울이면 감기가 늘 따라다녔다. 내가 감기에 걸리면 온 가족이 전염되어 고통을 겪곤 했다. 이웃집 지인이 그런 나를 보고 "감기는 초기에 예방해야 한다"며 '광동탕'을 상비약처럼 준비해두고 피곤하거나 몸이 냉해지면 미리 먹으라고 조언해주었다.

그의 말을 듣고 나는 즉시 실행했다. 이후 온 가족이 감기 초기에 예방할 수 있었고, 결국 감기에서 해방될 수 있었다. 그 방법을 알게 된 후 나는 알고 있는 사람들에게도 전해주었다. 그 후 수십 년간, 우리 가족은 감기에 걸리지 않고 건강하게 지낼 수 있었다.

이제 시니어 당신도 가족의 모범이 되어라. 행복한 가정을 만드는 일에 앞장서라. 가족을 사랑하는 법을 잊었다면, 다시 배워라. 사랑의 감정을 잊어서 사랑하지 못하게 된 경우도 있다. 20대, 30대 때 품었던 사랑을 40년 동안 그대로 사용했다면, 이제는 시니어로서 새롭게 갖추어야 할 사랑의 모습을 만들어야 한다.

나의 변화는 가족에게 무엇으로 보상받을 수 있을까? 시니어인 당신은 무엇으로 마음을 따뜻하게 만들 수 있을까?

시니어는 책 쓸 거리가 있다. 시니어가 스스로 따뜻해지지 않으면 마음의 겨울은 끝나지 않는다. 당신이 아니면 당신의 마음을 따뜻하게 해줄 사람은 없다. 설령 있다 해도, 그 따뜻함에는 이유가 있을 것이다. 무언가 대가를 지불해야 하는 따뜻함일 것이다.

하루에 조금씩이라도 나를 위해 내가 원한 것, 필요한 것을 해주어라. 마음은 시간이 지날수록 회복되고, 마음속에 따뜻한 태양이 떠오를 것이다. 시니어인 필자가 이미 경험하고 전하는 말이다.

요즘 사람들은 젊으나 늙으나 불만족스러워한다. 좋은 것을 주어도 불만족의 표현만 한다. 상담을 해보면 모두가 자기는 문제가 없고, 상대가 나를 불편하게 한다고 말한다. 이 문제를 어떻게 풀어볼까? 며칠을 고민한 끝에 그 문제의 본질을 찾았다. 불만족을 만족으로 전환해보는 것이다.

이제는 시니어인 당신이 가족의 울타리가 되어라. 가정이 교회고, 가정도 일종의 작은 사회다. 따뜻한 차 한 잔과 함께 진심 어린 칭찬을 해보라. 마음이 담긴 문자 한 자라도 써서 보내보라. 한 번도 해보지 않은 글이라 낯설고 어색하겠지만, 용기를 내어 시도해보자. 움직이지 않던 것도 행동을 시작하면 변화한다.

시니어인 당신, 누군가에게 무언가를 해주고 싶어 안달이 난 적이 있는가? 주고 싶은 것을 주지 못하면 병이 생긴다. 즉시 실천해보자. 누군가를 위해 당신의 따뜻함을 표현해보자. 그것이 당신 자신에게도 커다란 위로가 될 것이다.

밀린 일을 하지 않으면, 다음 일이 이어지지 않는다. 누군가에게 선물 받고 싶은 게 있는가? 누군가에게 꽃을 받아본 적 있는가? 꽃을 기다리며 마음을 졸이기보다는, 지금 꽃가게에 가서 자신에게 선물해 보자. 당신이 당신에게 주는 꽃이지만, 그 꽃이 주는 사랑의 힘은 당신의 내면을 더욱 풍성하게 해줄 것이다. 꼭 먹고 싶은 음식이 있다면 혼자라도 가서 사 먹어라. 누군가를 기다리며 초조해지기보다는, 혼자라도 자신에게 원하는 것을 해주며 활기를 되찾아라. 그러면 마음의 위로가 되어 그동안 힘이 없어서 하지 못했던 일들도 모두 해결될 것이다.

지금까지 돈 들이지 않고 마음을 달래려고 노력해왔는가? 이제는 주고 싶은 것을 주고, 하고 싶은 것을 하자. 습관이 되지 않은 것들도 습관화해 보자. 시니어가 되는 동안 주기만 하고 채우지 못한 탓에, 마음속 사랑의 불씨가 점점 꺼져가고 있다. 이제부터는 그 꺼져가는 불씨를 다시 살려라. 스스로 마음을 먹고 시간을 투자하면 된다. 돈도 들지 않고, 누구에게도 부담을 주지 않는다. 도서관을 놀이터 삼아, 틈나는 대로 가보라. 1년만 도서관을 삶의 일부로 만들어보라. 책을 읽으며 내면을 채우는 습관을 들이면 된다.

시니어로서 그동안 나의 내면을 채울 마음의 여유가 없었다. 그러나 도서관에서 작가가 쓴 책들이 나의 친구가 되었다. 책 속의 작가는 많은 친구를 소개해준다. 그 친구들이 소개해 준 다른 친구를 다시 메모해두고, 꼭 읽어본다. 그렇게 소개된 책은 또 다른 세상을 열어준다. 도서관은 새로운 삶을 여는 놀이터이자, 새로운 친구들과 모임 장소가 될 수 있다. 소개받은 책을 바로 찾아보고, 없는 책은 중고 서점에서 구해 보자. 중고 서점에서도 찾기 어렵다면 서울 국립도서관이나 국회도서관에 가면 거의 모든 분야의 책을 만날 수 있다. 운이 좋은 사람은 소중한 책 친구를 만나게 될 것이다.

필자는 수천 권의 책을 읽고 삶의 변화를 경험했다. 좋은 책은 구입하여 책꽂이에 꽂아두고 아침마다 한 번씩 바라보며 에너지를 얻는다. 책은 나와 소통하고, 나를 깨운다. 버릴 것은 버리고, 좋은 것은 참고하라. 좋은 내용은 마음속에 쓸어 담아라. 당신의 잠재의식 속에 명품 글감을 저장해두라. 사용할 날이 반드시 올 것이다.

당신은 누구를 위해 살아왔는가? 자기 자신을 위해 살아 본 적 있는가? 그렇지 않다면, 이제부터라도 내가 원하는 삶, 내가 필요했던 삶, 내가 하고 싶은 삶을 살아 보자. 하루 1시간만 자신을 위해 투자해라. 시간도 복리 성장을 한다. 은행의 이자만이 복리로 불어나는 것이 아니다. 내가 무엇인가를 시작하면, 새로운 환경이 조성되면서 더 큰 복리로 나에게 돌아온다.

시니어인 당신은 무엇을 찾고 싶은가? 무엇을 배우고 싶은가? 지금 이 순간, 오늘 하루 마음을 비우고 당신이 들고 있는 책과 소통해보자. 혼자 책을 읽으며 책과 대화하고, 울고 웃다 보면 어느새 힘이 차오를 것이다. 친구와 사람들, 가족들 속에서 찾지 못했던 것을 작가의 책 속에서 찾을 수 있다. 잃어버린 나를 찾아라. 인생의 다음 단계로 올라가기 위해, 서점이나 도서관에 가서 책을 찾아라. 당신에게 새로운 방향이 보일 것이다.

평소에 보이지 않던 당신의 신규 인생 진로를 선택했다면, 그 목표가 끝날 때까지 최선을 다해 전진하라. 그다음은 당신의 믿음과 실천, 자기 확신이 중요한 순간이다. 새로운 것을 접하면 어른이나 아이 모두 똑같다. 시니어의 인생은 더욱 높이 올라갈 수 있다. 필자는 항상 새로운 것에 설렘을 느끼고 모험을 해왔다. 간혹 두려움이 찾아오기도 했지만, 결국은 창조로 완성되었다.

도전하고 창조하는 사람만이 미래의 신기술을 만들어 낸다. 누군가를 탓하거나 원망하지 마라. 그것은 시간 낭비다. 시니어 당신은 오늘의 24시간을 재산이라 생각하고 소중히 사용해라. 필자는 나의 1시간을 100만 원으로 정했다. 당신의 1시간은 얼마인가? 한국의 기초 시급이 1만 원이라지만, 시니어의 일자리는 많지 않다. 목표를 두고 시간의 가치를 높여라. 시니어를 고용해주지 않는다면, 스스로 주인이 되어 당신의 시간을 평가하라.

나의 아르바이트 시절 시급이 9,800원이었다. 그래서 내가 직접 그 일을 그만두었다. 시급 100만 원을 만들기 위해 매일 공부하고 나를 성장시켰다. 그래서 작가가 되었다. 좋은 글을 쓰고, 명품 글을 쓰고, 나를 위해 값지게 만들어 주면 된다. 누가 내 시급을 정해주지 않아도, 작가의 1시간은 백만 원, 천만 원도 될 수 있다. 그게 바로 작가의 삶이다.

나의 시간 가치는 내가 정한다. 당신도 시간의 가치를 정해서 사용해라. 누구에게 고용되지 않는다. 얼마 전, 백화점 음식 코너의 한 커피가게에서 신메뉴 빵을 먹기 위해 수많은 사람이 줄을 서 있었다. 왜 그렇게 잘 팔리는지 궁금해 시장조사를 해보았다. 기존의 빵 위에 다섯 가지의 고명을 올려 보기 좋게 꾸민 신제품이 사람들의 눈을 사로잡고 있었다.

기본 열량보다 다섯 배 높은 열량의 빵. 보기 좋고 탐스러운 음식을 많이 먹는다고 해서 텅 빈 마음이 채워질까? 입맛에만 집중하고 고명의 층을 높여 음식을 먹으면, 우리 몸은 어떻게 될까? 입맛으로 먹고, 눈으로 먹고, 냄새로 먹고 싶은 것을 다 먹다 보면 필자도 체중을 감당할 수 없게 되었다.

그래서 나는 모든 음식을 기본 요리만으로 해결하기로 했다. 그리고 가끔 기본 빵인 바게트나 호밀 빵을 먹었다. 그 결과, 나는 일년간 14kg을 감량했고, 요즘은 정해놓은 체중을 유지하고 있다.

먹는 것 대신 허한 마음을 가득 채워줄 것이 있다. 그것은 바로 책을 읽는 것이다. 책을 통해 정신을 건강하게 하고, 내 몸을 올바르게 사용하는 법을 알게 된다. 모든 것은 책 속에 있다. 책을 읽으면 영혼이 맑아지고, 사람의 지식 향기도 피어난다. 책 쓰는 것도 요리하는 것과 같다. 재료를 잘 다루면 멋진 글이 되고, 그 글이 책으로 탄생한다.

현재 베스트셀러 작가들을 보자. 그들 역시 먹는 것에 집착하지 않는다. 많이 먹으면 글을 쓸 수 없다. 내면의 불편함이 신령한 글을 막기 때문이다. 마음이 원하는 것, 정신이 원하는 것을 채워주면 유명해지고, 수많은 사람이 그들을 사랑하고, 그들과 소통하기를 원한다. 시니어, 나이가 들수록 먹는 것을 절제하라. 시니어의 삶이 변하면 건강하게 장수할 수 있다. 그리고 책 읽기와 책 쓰기로 삶을 바꾸면, 건강한 인생과 건강한 삶을 함께 누릴 수 있다.

시니어도 노력을 멈추면 안 된다

시니어, 당신은 성장한 아들이나 딸에게 집착하지 마라. 마음으로 사랑하는 것이 그들을 돕는 길이다. 손자와 손녀는 참 예쁘다. 그렇지만 그들에게 불편함을 주지 말아라. 내가 거동할 수 있을 때까지 그들이 원하는 것을 해주고, 내가 주고 싶은 것을 주지 마라. 그래야 서로 불편함을 덜 수 있다. 상대가 변할 것이라 기대하고 이거 해주고, 저거 해주는 것은 오히려 그들을 더 힘들게 한다.

스스로 노력하지 않는 사람은 아무리 귀한 것을 주어도 가치를 모른다. 일이 없다고 손을 놓고 있지 마라. 돈을 받고 일하는 것만이 일이 아니다. 봉사하는 것도 일이다. 작은 일부터 시작해 보라. 그러면 일의 속도가 붙을 것이다. 작은 일은 점차 큰일로 옮겨진다. 일할 것도 없는데 돈만 계산하고 자기에게 맞는 일만 찾으려

하다 보면 쉬는 날이 많아지고, 일할 의욕마저 사라진다.

작은 일이든 큰일이든 항상 준비하고, 때로는 일의 순리와 흐름을 타라. 돈보다 일에 중심을 두고 일하면 몸과 마음, 정신이 건강해진다. 수년이 지나도 목적지는 변하지 않아야 한다. 이왕 목적지를 잡았다면 30년, 50년의 긴 목표를 두고 돈이나 사람 모두 10배, 100배의 가치를 높여라. 그러면 당신은 항상 새로운 일을 쉬지 않고 찾아낼 것이다. 목적지로 가는 여정에서 새로운 변화에 적응하고, 옮겨지고, 갈아타면서 결국 시냇물에서 강으로, 강에서 바다로 합류하게 될 것이다.

누군가가 부자가 되려면 부자 옆에 줄을 서라. 부자가 되려면 부자 옆에 줄을 서야 한다. 작가가 되려면 작가의 삶을 따라 하면 된다. "시니어가 무슨 책을 쓴다고?" 라고 말하는 사람도 있다. 아니다. 시니어도 책을 쓸 수 있다. 시대가 달라졌다. 100세 시대다. 평균수명이 60세일 때를 생각해보면, 지금의 60세는 예전 30대와 같다. 늦었다고 생각하지 마라. 당신은 지금 새로운 꿈을 만들고, 미래를 시작할 위치에 있다.

나이 60에 시니어 작가가 되어 변화된 삶은 무엇일까? 평소에 마시던 술을 끊고, 나잇살과 함께 늘어만 가던 체중을 줄였다. 나는 12kg을 10개월 동안 감량했다. 원래는 6개월 동안 10kg 감량을 목표로 했지만, 계획이 조금 연기되면서 10개월 만에 12kg 감량에 성공했다. 어떻게 10개월 만에 12kg을 줄일 수 있었을까?

체중 감량에 성공한 방법은 다음과 같다. 먼저, 매일 회충약을 한 알씩 2주일간 복용해 몸속의 모든 회충을 제거했다. 그동안 중독된 TV 시청을 줄였다. 습관처럼 마시던 술도 끊었다. 잠자는 시간을 바꿨다. 이전에는 새벽 2시에 자고 아침 8시에 일어났지만, 이제는 밤 10시에 자고 새벽 4시에 일어난다. 하루의 시작은 공복 상태에서 생수 300mL를 냉·온수로 섞어 마시는 것으로 시작한다.

식단은 다음과 같다. 아침에는 간식 겸 과일 반 개와 빵 한 조각을 먹는다. 점심은 12시에서 2시 사이에 정상적인 식사를 한다. 저녁은 오후 6시 전에 채식 위주로 가볍게 식사하며, 이후 7시 이후로는 아무것도 먹지 않는다. 육류는 절제하되, 치킨은 2주에 반 마리 정도, 돼지고기는 100g씩 일주일에 두 번 먹었다. 시니어의 몸이 소화할 수 있는 음식은 꼭꼭 씹어서 먹는다. 매운 음식과 짠 음식을 절제하고, 양념 된 음식도 피한다.

평소에는 신선한 생채소를 양념 없이 먹었다. 김장김치도 씻어서 먹었다. 하루 탄수화물 섭취는 300~400kcal로 제한했다. 과일은 하루에 한 개 반만 섭취했다. 이렇게 먹고 싶은 것, 입맛이 당기는 것을 절제했다. 10개월 만에 12kg 감량에 성공했다.

새로운 꿈을 10개월 동안 도전해보라. 10개월이면 틀이 잡히고, 습관이 생기며 생활 방식이 바뀐다. 10개월이면 모든 것이 변화될 수 있다. 필자는 3년 전부터 책 쓰기에 뜻을 두고 시작했다. 시니어인 당신도 목표를 찾아라. 가장 쉬운 방법은 유튜브를 통해 꿈과 목표를 설정하는 것이다. 유튜브에는 수많은 성공 이야기와 목표 설정 방법이 나와 있다. 유튜브를 통해 개인의 꿈을 찾아라.

그 꿈을 이루기 위해 관련된 책이나 성공한 롤모델을 찾아라. 김승호 작가도, 켈리 최 작가도 '100번 쓰기'를 실천하며 성공자의 삶을 배웠다고 한다. 그들은 자기가 원하는 것을 100번 쓰기를 하겠다고 선언하고, 그대로 실천했다. 그 결과, 꿈을 이루었다.

꿈을 찾았다면, 그다음에는 시각화하고 형상화해서 잠재의식에 담아야 한다. 이를 할 수 있는 가장 쉬운 방법은 바로 100번 쓰기다. 하루 세 번 크게 소리 내어 읽어라. 밥 먹듯이, 커피 마시듯이 수시로 생각하며 읽고 써라. 기도와 소망은 자신의 일상생활의 동반자라 생각하고 꾸준히 실천하라.

이러한 방법을 이용해 희망과 꿈을 반복해서 되새기고, 실천해 보라. 낯선 꿈과 희망의 씨앗을 자신의 것으로 만들어라. 시차를 두고 꿈의 씨앗에 싹이 틀 것이다. 필자는 3년 만에 작가의 꿈을 현실로 이뤘다.

시니어 작가는 직업으로도 가능하다. 책 쓰기는 시니어의 삶을 바꿀 수 있다. 꿈과 희망은 자연의 섭리를 따라 성장하는 시기가 필요하다. 기다림이 필요한 것이다. 목표의 씨앗은 눈에 보이지 않는다고 멈춘 것이 아니다. 작가가 된 나의 모습을 당신의 영혼 속에서 시각화해라. 시니어가 책을 쓰기 위해 희망을 품으면, 꿈이 생긴다. 꿈을 꾸기만 하지 말고, 시니어 작가가 되기 위해 행동하라. 무거운 몸을 줄이고, 과거의 나를 바꿔라.

시니어가 되면 매일 책을 읽고 글을 쓰는 훈련을 해라. 그러면 과거의 것이 하나둘씩 새것으로 교체될 것이다. 맑은 정신을 가진 작가의 삶이 시니어의 정신을 정화해준다. 타인이 주는 삶도 교훈이 된다. 타인의 지식과 지혜도 내 것이 될 수 있다. 사람을 만나기가 두렵거나, 혹은 낯을 가려 만남이 부담스러울 때가 있다. 그럴 때는 사람과의 만남을 줄이고, 책 속에서 좋은 사람을 만나 내면의 나를 건강하게 만들어라.

당신은 어떤 작가의 마음속에 들어가 보고 싶은가? 맛보기로 그치지 말고, 작가의 뇌에 들어가 보라. 작가의 생각과 공유하고, 마음을 열어보자. 어떻게 좋은 글을 쓸 수 있을까? 글쓰기의 방법은 이후 장에서 다시 다루겠다.

시니어가 되면 우울증이 자주 찾아온다. 아프거나, 외롭거나, 소외당할 때 우울증이 찾아온다. 함께했던 사람과 관계가 멀어지고, 알고 싶은 것을 알지 못할 때, 심리는 나락으로 떨어진다. 그럴 때는 사람 관계, 이웃 관계, 가족관계에서 외면당할 때 상대의 처지에서 이해해 보자. 대부분 문제는 이해의 부족에서 비롯된다. 그리고 기다려라. 좋은 마음, 긍정의 마음으로 기다리면 시간이 지나면서 관계는 풀어진다.

때로는 자신을 위해 살았던 사람도 외롭고 우울하다. 타인을 위해 살았던 사람도 외롭고 우울하다. 이럴 때 제일 나은 방법은 무엇일까? 마음이 원하는 것을 해주어라. 그것이 바로 책 쓰기다. 작가가 되는 과정을 통해 우울증이 회복될 수 있다. 삶의 아픈 상처가 치료될 수 있다. 100세 시대, 평생을 살며 잃어버린 나를 되찾고, 다시 만나는 방법은 책 쓰기다.

지금 당신이 시니어라면 남녀노소 모두가 같은 입장이다. 인생의 충전 시기라 생각하고, 마음이 원하는 것을 스스로 점검해 채워 주어라. 그 방법의 하나가 바로 책 쓰기다. 시니어는 누구의 도움을 받아도 마음이 채워지지 않는다. 그래서 시니어는 스스로 채워 주어야 한다. 책을 쓰면 마음이 풍요로워지고, 텅 빈 마음도 가득 채워진다. 필자는 스스로 삶을 채우며, 10개월 만에 모든 것이 바뀌었다.

작가가 되려면 지금 사는 환경을 바꾸어라. 작가가 되기 어려운 환경과 생활이라면, 작가로 만들어 줄 지역과 환경으로 이사하라. 필자도 이미 실천했다. 가장 먼저 해야 할 일은 도서관 근처로 이사하는 것이다. 자신의 꿈과 목표를 위해 뛰놀 수 있는 공간으로 이동해야 한다. 작가가 되고자 한다면, 책을 쓰고 싶다면, 도서관이 바로 그런 공간이다. 맹모삼천지교처럼 환경은 무시할 수 없다.

책 쓰기를 결심하고 행동에 옮기면, 시니어의 생활도, 인생도 바뀐다. 하지만 마음만 먹고 몸을 움직이지 않으면 수년간 꿈만 꾸며 살게 될 것이다. 지금 당장 몸을 움직여라. 도서관에 출근해라. 도서관에 들어가라. 책을 만지고, 책을 읽고, 책을 쓰는 모습을 그리며 꾸준히 실천해라. 도전의 시작은 미약하지만, 나중에는 출간된 책을 들고 있는 작가로 변할 것이다.

정신, 환경, 삶에서 작은 것부터 실천하라. 독자에서 머무르지 말고, 당신의 책을 읽도록 하는 작가가 돼라. 시니어도 충분히 가능하다. 책 쓰는 작가가 되는 순간, 당신의 인생은 드라마틱하게 바뀐다. 필자가 한 것처럼, 당신도 충분히 할 수 있다. 자신을 믿고 도전하라. 실천해 보라. 행운을 빈다.

도서관은 기적의 세계로 나아가게 하고, 위대한 삶으로 도약하게 해주는 공간이다. 도서관은 책과 영혼이 소유하는 순수한 공간이며, 천재가 태어나는 곳이다. 또한, 사회를 이끌어 갈 사람을 만드는 곳이다. 사회에 필요한 사람이 아니라, 사회를 바꾸고 발전시켜 나갈 사람들이 만들어지는 곳이다. 도서관은 기존의 사회가 필요로 하는 사람이 아닌, 새로운 시대를 열어갈 리더를 키워내는 공간이다.

학교는 가르치고 배우는 공간이다. 정해진 것, 답이 있는 것을 배우는 곳이다. 이곳에서 사람들은 체계적인 지식을 습득하고, 사회가 필요로 하는 인재로 성장해 나간다.

반면, 도서관은 다르다. 도서관은 읽고 사색하며 체득하는 공간이다. 이곳에서는 단순히 지식을 넘어서 지혜를 익힌다. 학교가 정해진 커리큘럼을 따라야 하는 제한적인 곳이라면, 도서관은 무한

한 가능성을 지닌 자유로운 공간이다. 학교는 기존의 사회 시스템 안에서 꼭 필요한 인재를 양성한다면, 도서관은 기존 사회를 이끌어갈, 더 나아가 바꾸고 발전시켜 나갈 사람을 길러낸다.

도서관은 이미 만들어진 틀에 맞는 사람이 아니라, 그 틀을 깨고 새로운 길을 개척할 사람을 만든다. 혁신적인 사고를 가진 사람, 자유롭게 생각하고 그 생각을 실현할 용기를 가진 사람이 탄생하는 곳이 바로 도서관이다.

지금까지 우리는 학교에서 배운 정답에 의존하며 살아왔을지 모른다. 그러나 이제는 도서관에서 정답이 아닌 무한한 가능성을 탐구할 때이다. 정답은 한정되어 있지만, 가능성은 무한하다. 도서관은 새로운 시대를 열어갈 리더, 개척자, 창의적인 사상가를 탄생시키는 공간이다. 기존의 사회 시스템에 만족하지 않고 더 나은 사회를 꿈꾸는 이들이 모여 새로운 역사를 만들어가는 곳이 바로 도서관이다. 그래서 학교는 사람을 '가르치는 곳'이지만, 도서관은 사람을 '깨우는 곳'이다.

살아온 경험이 보물이고 재산이다

인생 60은 살아온 경험이 보물이고 재산이다. 인생 60은 누구나 작가가 될 수 있으며, 살아온 삶 자체가 이야기이고 글이 되며, 결국 책이 된다. 필자는 많은 사람을 만나 보았지만, 필자와 똑같은 인생을 살았던 사람은 없었다. 이는 바로 책을 집필하는 것이 인생을 바꾸고, 세상을 바꾸는 일이라는 증거다. 책을 쓰는 것은 자신의 정신을 강하게 만들고, 그 과정에서 자신을 더욱 단단하게 다지는 일이 된다. 만약 필자의 책을 읽고 단 한 명이라도 인생의 변화를 위한 방법을 찾는다면, 그로 인해 필자는 행복할 것이다. 그리고 이 책을 통해 시니어 독자들 역시 작가가 되어 자신만의 이야기를 써나간다면 더할 나위 없이 좋을 것이다.

시니어인 필자는 100세 인생을 4단계로 나누어 본다면, 이제 인생 3막에 와있다고 생각한다. 세상은 끊임없이 변화하며, 이 변화는 예측할 수 없는 순간에 찾아오기도 한다. 50대 전후의 필자는 요식업에 대한 열정을 갖고 있었고, 그로 인해 사업을 시작했다. 그러나 60대 초반에 들어서자, 사업자로서의 에너지와 열정, 정신력 모두 부족해졌다는 것을 깨달았다. 몸은 아직 일을 할 수 있었으나 정신적 부담이 컸고, 경쟁에서 밀린다는 느낌을 받았다. 청년 사업자가 많아서 그들 틈새에 끼어 경쟁할 수 없었기 때문이다. 그래서 필자는 사업을 접고 주방 요리사로 일하며 규칙적인 생활을 유지하기로 했다. 이렇게 새로운 일상 패턴을 만들면서, 노후의 목표를 세우고 신체, 직업, 의식주 문제 등을 포트폴리오로 작성하여 실천에 옮겼다.

인생은 결국 누구나 작가가 될 수 있다. 살아온 삶 자체가 하나의 이야기이다. 필자도 이를 깨닫고, 인생 3막에서 본격적으로 책을 쓰기 위해 수년간 계획을 세우고 실행에 옮겼다. 그동안 외부의 삶에 집중했던 필자는, 이제는 내부의 삶, 즉 자신을 중심으로 한 삶을 살기로 결심했다. 하루 24시간을 자신에게 유익하게 사용하는 방식을 찾으면서, 마음과 몸의 회복이 시작되었다.

필자는 체중 관리에 큰 변화를 이루었다.

앞에서도 말했지만, 내 몸무게는 74kg이었다. 그중 쓸모없는 14kg을 온종일 들고 다니고 있다고 생각하니 충격이었다. 이 14kg을 버티느라 고생하는 두 다리와 발을 생각하니 미안해졌다. 수년간 묵묵히 무거운 몸을 지탱해준 내 몸에게 고마운 마음도 들었다. 매일 10kg짜리 쌀 포대를 들고 다니는 셈이라는 생각도 들었다. 그래서 결심했다. 앞으로 1년 동안 체중 관리를 하기로 했다.

몇 년 전부터 회나 날것을 먹으면 내 몸이 거부 반응을 일으켰고, 배탈이 나서 밤새 화장실을 드나들었지만 무시했다. 그러면서도 수년을 버텨왔던 것이다. 내가 챙겨주지 않은 내 신체는 벼랑 끝으로 가고 있었다. 그래서 내 몸이 원한 대로 생활을 모두 바꾸어 주었다. 내 몸이 날것을 먹으면 불편해하므로 그것도 고쳤다.

그 후 1년간 날것을 먹지 않았더니 배탈이 나지 않았다. 몸무게가 74kg까지 나갔을 때는 눈, 입, 귀, 마음이 먹고 싶은 것을 다 먹으면서도 체중 감량을 하겠다는 무식하고 이기적인 나였다. 사실 나는 감량을 위해 한약도 먹고, 정신과에서 살 빼는 약도 먹고, 한의원에 입원하여 침술도 해보았고, 유산균 보조식품도 먹었다.

그러나 몸무게는 겨우 2kg 정도만 줄었고, 약을 안 먹으면 원상태로 돌아왔다. 어느 날 나는 내 신체의 느낌을 알게 되었다. "몸이 무겁고 불편해"라는 느낌이었다. 이어지는 느낌은 저 앞에 있는 10kg 쌀 포대를 한 번 들어보라는 것이었다. 나는 즉시 10kg 쌀 포대를 들었다. 그 순간 나는 그동안 내 몸을 고생시켰구나 하고 깨달았다. 그래서 몸무게 60kg 감량을 선언했다. 6개월을 목표로 하였으나 11개월이 걸렸다.

74kg에 달했던 몸무게에서 14kg을 줄이기 위해, 몸이 요구하는 방식으로 생활을 바꾸었다. 그 결과, 1년 만에 14kg을 감량할 수 있었다. 그 과정에서 필자는 날것을 먹지 않고, 소화에 부담이 되지 않는 음식을 선택하며, 식사 시간과 음식 종류에 대한 엄격한 계획을 세웠다. 이와 같은 변화는 단순히 체중 감량에 그치지 않고, 건강한 생활 습관을 만드는 데 큰 도움이 되었다.

몸무게는 1년 만에 14kg 감소했다. 무엇으로 몸무게가 감소했을까? 내 몸이 좋아하는 음식과 소화할 수 있는 음식, 식사 시간, 그리고 몸이 소화할 수 있는 음식을 정하였다. 밤 7시 이후는 먹지 않기로 목표를 세웠고 지켰다. 양념 된 음식은 되도록 피했고, 맵고 짜고 절임 된 것은 피하였으며, 간단한 요리, 즉석요리, 샐러드, 채소는 삶아서 쌈장에 찍어 먹었고, 나물 종류와 생채소를 섭취했다. 양념 된 식품은 30%, 간단한 요리는 생채소와 살짝 데친 것 70%로 구성하였다. 표준 채소는 소스에 뿌려 먹거나 그냥 먹었다.

그렇게 해서 14kg이 감량되었다.

　기름진 음식은 되도록 피했고, 고기나 치킨은 일주일에 한 번 정도 먹었다. 굶어서 뺀 것이 아니므로 요요현상은 없었다. 시니어인 당신도 자신의 몸에 맞는 음식을 제공해야 한다. 한의원에서는 기가 허하다고 하여 내면에 찬 기운이 있다고 한약을 지어 주었다. 체온이 떨어지면 회복되는 시기가 늦어진다. 시니어라서 그런지 기가 허하면 혈액 순환이 안 되고 소화도 안 된다. 내면의 기의 순환을 돌리기 위해서다. 외부의 신체는 옷을 따뜻하게 입으면 된다.

　내부의 기의 순환이 원활하지 않으면 오장육부에 불균형이 생기고, 그로 인해 기의 순환이 제대로 이루어지지 않으면 신체적 문제 증상이 나타나게 된다. 그래서 수년간 관리하지 못했던 내 신체 내부도 검사하여 관리하기로 하였다. 내 몸은 내 몸에 맞게 사용해야 한다. 1년만 실천해 보라. 내 몸이 원하는 것을 해주면 내가 원하는 몸이 만들어질 것이다. 시니어인 당신, 지금 당장 당신의 몸과 마음, 정신을 관리하라. 그래야 내일을 건강하게 살 수 있다. 내일 죽더라도 오늘까지 건강한 삶을 살아라. 부모가 자식에게 물려줄 큰 재산이라고 생각한다. 건강한 시니어로 만들어 자신을 관리하고, 건강한 내 모습을 모델로 보여주는 것도 봉사이다. 나에게 먼저 봉사하라. 젊어서 내가 아닌 누군가를 위해 봉사하는 삶을 살았다. 이젠 당신의 몸을 위해 봉사하라.

　시니어인 당신도 몸에 맞는 음식을 제공하고, 체중을 관리할 수 있다. 자신의 몸에 맞지 않는 음식을 줄이고, 건강한 식습관을 유지하는 것이 중요하다. 건강은 신체와 정신에 신선함을 제공하는 기본 요소이기 때문이다. 건강을 관리하지 않으면 신체와 정신의 불균형이 찾아오고, 이는 결국 삶의 질을 떨어뜨릴 수 있다. 시니어인 당신이 지금 할 수 있는 가장 큰 선물은 바로 자신의 몸과 정신을 돌보는 일이다.

　이제는 나 자신에게 봉사할 시간이다. 젊을 때는 타인을 위해 봉사하며 살아왔지만, 이제는 자신의 건강을 위해 투자할 때다. 건강한 시니어로서의 삶을 만들어가고, 자녀에게 건강한 모습을 보여주는 것이야말로 가장 큰 봉사이자 유산이다.

　책을 쓰는 작가는 건강을 유지해야 한다. 신체의 건강은 곧 정신의 건강을 유지하는 데 필수적이며, 신선함을 제공한다. 당신도 자신의 건강을 관리하고, 작가로 사는 삶을 준비하자. 인생 2막, 3막을 행복하게 살아갈 수 있는 길은 바로 건강한 몸과 정신을 유지하는 데 달려있다.

인생 후배를 좋은 길로 이끌 수 있다

작가가 되기 위해서는 먼저 자신의 몸과 마음을 관리해야 했다. 시니어가 될 때까지 마음을 깨끗이 청소하는 것이 가장 중요한 일이다. 작가의 삶은 깨끗한 환경과 투명하고 밝은 마음에서 시작되므로, 나 자신을 먼저 정리하는 것이 우선이었다. 그러나 많은 시니어가 상대방의 말을 경청하지 않고, 옳은 의견도 무조건 잘라버리며 자기주장만 하는 경향이 있었다. 이는 고립된 자기습관이 되어버렸다.

사람과 소통하려면 습관을 고치기 위해 적어도 100번은 노력해야 했다. 그때쯤 가서 듣기 싫어서라도 듣는 척하게 된다. 시니어인 당신은 우선 정리하는 것을 먼저 해야 한다. 기본 관리는 자기 관리이며, 내가 머무는 곳과 함께하는 사람들과의 관계도 정리해야 한다. 공중에 떠다니는 말은 정신에 입력되지 않는다. 진정으로 변화를 원한다면 기회의 순간을 잡아야 새로운 출발점이 될 수 있다.

출발점에서 주어진 길을 뚫고 나가면 새로운 세상이 보인다. 그냥 스쳐 지나가지 말고 잠시 멈춰서 생각하라. 그렇게 할 때 원하는 것을 이룰 수 있다.

어떤 일이든 처음 연결된 것은 계산을 먼저 하지 말고, 일단 시작한 후 다음 단계를 찾으면 알게 된다. 필자는 책 읽기를 즐겼지만, 내성적인 성격으로 사람들과 어울리지 못했다. 그래서 특별한 경우를 제외하고는 사람들과 함께하지 않았다. 그러나 내가 마음을 열고 소통할 수 있는 곳은 책이었다. 책은 나의 친구이자 소중한 소통의 관계였다. 책은 내 정신을 시원하게 청소해 주고, 신선한 에너지를 공급해 주었다.

또한, 사람들의 생존을 돕기 위해 만들어진 전문 서적들은 좋은 자료를 제공해 주었다. 정신의 세계도 끈기 있게 사용하려면 정신에너지를 공급해 주기 위해 주기적으로 책을 읽어야 한다. 이를 위해 전문성이 있는 책을 준비하고 매일 아침 읽는 습관을 들이자. 전달받은 내용을 정화하여 긍정적인 씨앗으로 만드는 작업을 꾸준히 해야 한다. 이러한 작업을 할 수 있는 여러 가지 방법이 있지만,

책 읽기와 글쓰기가 가장 효과적이다. 신선한 에너지가 모이는 장소에서 사람들과 소통하는 것도 좋은 방법이다. 도서관에서 책을 읽거나 서점에서 책을 사서 개인적으로 독서하는 시간은 최고의 선택이 될 것이다.

정신적 관리는 몸의 병을 예방하는 방법으로, 경제적으로도 도움이 된다. 매일 자기관리를 통해 하루의 삶을 정리하고 신선한 정신으로 채워야 한다. 비장은 죽은 적혈구를 걸러내고 혈액의 저장소 역할을 하며, 한마디로 혈액은행이다. 정신은 지식의 창고이자 지식은행이 될 수 있다. 정신에 건강한 에너지를 교체하는 방법은 좋은 책을 읽고 다양한 지식을 얻는 것이다. 정신 건강은 신체 건강과 밀접하게 연관된다.

시니어 작가인 당신은 좋은 책을 쓸 수 있다. 당신의 꿈은 무엇인가? 1인 창업가로서 세상에서 구속받지 않는 일을 하기 위해 필자는 작가를 선택했다. 내가 쓰고 전하고 싶은 것은 책 쓰기이다. 명성과 명예를 생각하지 않았다. 시니어 작가로서 먼저 되어 보여주고 싶었다. 국민과 가족에게 "나도 할 수 있다"는 삶을 전해주기 위해서이다. 시니어는 청년 시절에 가족을 위해 세상에 뛰어들다가 다시 가족으로 돌아왔다. 그래서 삶의 기본과 기초를 가르치고 싶다.

시니어도 배우고 노력하면 작가가 되어 책을 통해 글을 쓸 수 있다. 우리 모두를 위해 자신의 삶을 봉사해야 한다. 인간이 자신을 정화할 수 있는 방법 몇 가지를 소개하겠다.

나는 나 자신을 사랑하라. 나 외에는 아무것도 1번이 되어서는 안 된다. 내가 있어야 당신도 있다. 내가 살아 있는 것이 최고의 선택이다. 나의 신체와 정신, 영혼을 스스로 관리하라. 매일 건강하게 만들어라. 나는 매일 자신을 격려하고 칭찬한다. 나는 매일 최고다. 하루의 시작을 멋지게 살자. 나의 하루를 잘 살기 위해 시간표를 세워 계획하자.

나는 매일 거울을 보듯 마음도 통찰하고 관리해야 하며, 마음과 일체가 되어야 한다. 나는 나를 관리하기 위해 해가 동트기 전까지 하루 동안 할 일을 실행할 준비를 마쳐야 한다. 해가 뜨면 나 외의 이웃과 함께하는 일을 한다. 나는 나에게 유익이 되고 이웃에게도 유익이 되는 일을 공유해야 한다. 나는 매일 마음에 사랑이 넘치는 에너지원이 되어야 한다.

최소한 나를 위한 포트폴리오를 만들자. 〈1년에 1일, 1달에 1일, 1주에 첫 주 하루에 1시간〉 나를 위해 가장 먼저 관리해주라. 에너지가 정상 가동되도록 신체적, 정신적 기본 관리와 기초 관리가 필요하다.

시니어가 될 때까지 가장 중요한 나를 잊고 살아왔다. 시니어가 된 당신의 몸은 이 세상에 당신밖에 없다. 당신의 몸을 돌봐줄 사람은 당신이다. 주인인 당신이 자신의 몸을 잘 사용해 줄 때, 당신의 몸은 힘을 받아 죽는 날까지 오직 당신만을 위해 봉사한다. 남들을 편하게 해주려고 몸을 혹사하고 노예로 만들지 말라. 몸은 당신과 함께 살아갈 평생의 자본금이다.

당신을 위해 써야 할 소중한 자본금을 남을 위해 모두 써버린다면 당신의 몸은 기력이 소진되어 죽기 전에 당신을 보지 못할 것이다. 시니어는 이제부터 나를 챙기고, 내 몸과 마음이 원하는 대로 살아주어야 한다. 지금이 당신의 몸을 챙길 가장 적절한 시기이다. 내가 나를 챙겨주어야 할 때다. 내가 충분히 채워졌을 때, 당신도 20대의 건강을 되찾게 된다. 가족과 이웃, 친구에게 사랑받는 힘 있는 시니어가 될 것이다. 배움은 학문만 배우는 것이 아니다. 나를 위해 새로운 것을 채워가며 하나씩 배워가는 것도 배움이다.

아픈 것에 대해 챙겨주지 않아서 서운한 것은 다 이유가 있다. 나의 몸을 그들에게 희생했지만, 그들은 나를 외면하여 심술이 나고 서운해한다. 내가 받고 싶은 것은 내가 주었던 곳에서 오지 않는다. 그러므로 미련을 버리고 내 관리는 내가 하자. 텅 빈 당신, 시니어. 1년만 봉사해보라. 당신은 멋진 마음과 몸을 가질 것이다. 한 사람의 변화는 희망을 준다. 당신은 희망 전도사이다. 나를 관리하는 것은 모두의 관리로 이어진다.

이웃이 누군가의 언행으로 정신적 상처를 입었다면 즉시 문제의 언행을 행복한 언어로 바꾸라. 시니어는 스스로 할 일을 찾아라. 당신만의 희망 봉사자가 되어보라. 누군가에게 도움을 받았다면, 당신도 누군가를 도와라. 당신이 할 수 있는 것을 하면 된다. 당시 할 수 없는 것을 하면 부담이 되어 오래도록 할 수 없다.

봉사할 수 있는 자세는 작지만 스스로 한 일이기에 기쁨의 선물을 나에게 줄 수 있다. 좋은 일은 좋은 마음을 낳는다. 내가 행한 선한 영향력은 모두에게 모범이 된다. 모든 사람이 이러한 방법으로 스스로 이웃을 위해 할 수 있는 일을 나누면, 이웃의 따뜻함은 모두를 행복한 삶으로 이끈다. 남의 눈치를 보지 말고, 남을 의식하지 말라. 나의 생각은 좋은 생각의 씨앗이다. 좋은 생각의 씨앗은 성장하고 꽃이 피며, 풍성한 열매를 맺는다. 풍성한 열매는 추수 때까지 강한 비바람과 태풍, 병충해를 피해 간다. 그래서 최상품의 품질 좋은 열매가 된다.

집안 정리는 보이지 않는 내면을 정화하는 중요한 과정이다. 이러한 정리는 정신 건강에 긍정적인 영향을 미치며, 가정에서의 봉사는 그 효과를 극대화한다. 실행의 기초 연습이 되는 이 과정은 나의 영혼을 청소하는 일로 이어진다. 집안과 내 영혼을 정리하는 것은 경제적 비용 없이도 할 수 있는 가장 기본적인 일이지만, 그 효과는 지대하다. 작가가 되기 위해서는 몸과 마음, 정신을 정리하는 습관이 필요하다. 이렇게 함으로써 글을 쓰는 과정이 순조롭게 진행되고, 맑고 투명한 글감이 만들어져 빛을 발할 수 있다. 이는 스트레스 해소와 안정된 느낌으로 이어진다.

집안 환경 정리는 곧 자기 영혼의 청소이다. 책상과 수납장 정리, 주변 환경 정리, 옷 정리, 그리고 고장 난 물건을 고치는 것까지 포함된다. 교환해야 할 물건은 교환하고, 쓸모없는 것은 과감히 버려야 한다. 화초 역시 의미 없는 것이라면 정리하자. 나에게 생동감을 주는 것만 남기고, 영양이 부족한 화초는 분갈이하여 영양을 공급해 주자. 노랗게 변한 떡잎을 보는 순간, 나의 영혼도 힘을 잃게 된다. 좋은 것, 아름다운 것, 마음에 드는 것만 남기고 정리해야 한다.

비어 있는 화분은 버리거나 새로운 화초를 심고, 예쁜 꽃바구니는 채우거나 처분하자. 낡은 옷은 기운이 다한 것이므로 버려야 한다. 켜지지 않는 전구는 즉시 교체하고, 세탁이 필요한 물건은 빨아야 한다. 사용하지 않는 물건은 따로 모아 깊은 곳에 옮겨 두자. 시니어가 되면 미루는 경향이 생기지만, 이 또한 집안이 탁한 기운으로 가득 차는 원인이 된다. 버릴 것은 버리고 사용하지 않는 물건만 치워도, 정체된 공간이 순환되기 시작한다.

특히 돈과 시간 약속은 철저히 지켜야 한다. 이러한 행위는 정신을 무겁게 하여 스트레스를 유발할 수 있다. 영혼이 매일 건강하게 유지되려면 할 일을 미리 하는 습관을 들이는 것이 중요하다. 상대에게 줄 돈은 약속된 날짜 전에 주어야 하며, 이는 축복의 씨앗으로 나에게 돌아올 것이다.

상대에게 유익한 말은 즉시 전해주고, 상대의 배움에 도움이 되는 말도 빠르게 전달하자. 반면, 상대에게 불행을 주는 감정이 담긴 말은 자제해야 한다. 내가 참으면 그 행동은 복의 씨가 되지만, 나의 편안함을 위해 전달하는 것은 결국 독이 되어 돌아올 수 있다. 또한, 남의 것을 나와 비교하지 말아야 한다.

부모님의 애정을 담을 수 있다

부모가 남겨준 소중한 다섯 자녀의 삶은 마치 들풀처럼, 시골보다 조금 나은 환경에서 자라났다. 어린 시절의 추억이 남아 있는 우리는 멀리 보지 못하고, 가까운 것만 바라보며 살아왔다. 세월이 흐르고 시니어가 된 지금, 고향의 향기가 그리워진다.

수년 만에 고향 집에 들어서니, 오랜만에 반겨주는 들풀들이 있었다. 그들은 자연의 섭리에 따라 태어나고 사라지며 강인하게 성장한다. 누군가에게 밟히거나 잘리지 않는 한, 그들은 스스로 자란다. 들풀은 자연이 주는 것만으로 생존하며, 비가 내릴 땐 비를, 햇볕이 비칠 땐 햇볕을, 밤에는 이슬을 먹고 산다. 비가 오지 않는 날에는 땅속 깊이 있는 물과 영양분을 찾아낸다. 오늘 잘려도 내일이면 다시 새싹이 올라온다.

들풀의 종류는 다양하다. 잘려나가고 뽑히더라도 또 다른 씨앗이 태어난다. 이 씨앗들은 땅속에서 8년 동안 잠들기도 한다. 인간도 들풀처럼 여유로운 마음을 가진다면, 더욱 자유롭게 살 수 있을 것이다. 고향 마당에 들어서니 부모님이 생전에 남겨준 언어들이 귓전에 익숙하게 울려 퍼진다.

"부지런하고 노력하라. 자매간의 의리와 진실함, 성실함과 신뢰를 잊지 말라. 가족은 서로 도와야 한다." 이러한 말씀은 부모님이 우리에게 주신 교훈이며, 인생의 지침서이기도 하다. 부모가 남긴 가족의 정, 그것이 사랑이다. 작지만 빛나는, 부싯돌 같은 마음속의 작은 불이 항상 꺼지지 않았다. 이 불은 작은 촛불처럼 언제까지나 타오른다.

어떤 고난이 와도 내가 끄지 않는 한 그 불은 꺼지지 않는다. 이는 내가 태어날 때부터 가지고 태어난 불이며, 물질적 부의 금수저와는 차원이 다른 마음의 금수저라고 말하고 싶다. 우리 다섯 자매는 모두 결혼했지만, 한 명은 수녀가 되었다.

최 씨 집 셋째 딸은 선도 안 보고 데려간다고 하는데 셋째가 환갑이 지나, 이제는 서로 오가기가 힘든 시점에 다섯 자매가 모였다. 시니어가 된 우리는 서로의 금수저 같은 마음을 나누고, 힘을 더해주었다. 마음이 담긴 소중한 선물도 나눴다.

가장 감사한 것은, 처음 경험해본 결혼생활이 쉽지 않았을 텐데도, 서로의 건강한 마음으로 다시 만날 수 있었다는 점이다. 나는 우리 다섯 자매가 지금까지 각자의 삶을 잘 살아온 것에 깊은 감사를 표하고 싶다.

우리가 만난 첫인사는 "자매들, 힘들었어도 살아 있어서 서로 감사하다. 파이팅!" 이었다. 인생의 3막을 잘 살아가야겠다는 기분이 좋았다. 과거에 마음을 두지 말고, 오늘 만남을 시작으로 새로운 것을 창조해가는 가족이 되자고 다짐하며 마무리했다.

늦가을, 도랑물이 흐르는 소리는 비가 오지 않아 수십 년이 흘렀다. 우리 집 담벼락 옆의 도랑물 물줄기를 타고 올라가면 부모님이 일구었던 밭이 뒷산에 있었다. 이제는 야산이 되어버린 그 뒷산은 우리 가족의 생계를 공급해 준 고마운 곳이다.

새벽부터 자매들은 생존법을 배우며 가족 협력의 정신을 실천했다. 어릴 적 농촌 일을 싫어했지만, 이제는 부모님께 감사하다. 그 덕분에 농사일을 배웠기 때문이다. 올해는 늦가을에 태풍이 세 번이나 지나가, 도랑물 소리가 특히 맑게 들렸다. 이 소리는 나의 영혼을 수십 년 전으로 데려갔다.

　태풍으로 오랫동안 쌓인 묵은 나뭇잎이 깨끗이 씻겨 내려가면서, 나의 삶을 되돌아보게 되었다. 사랑을 잃은 당신에게는 가족의 품속이 가장 소중한 곳이다. 힘들 때 서로 돕고, 기쁠 때 나누며, 아플 때 가족의 품밖에 없다는 사실을 잊지 말자. 물질적으로 부족해도, 가족이 있기에 언제나 따뜻한 곳이 존재한다.

　몸이 아파 위로받을 곳이 없어도 가족의 품속이다. 마지막 발을 내디디고 일어설 곳도 가족의 품속이다. 당신이 닫힌 마음을 열어 다가간다면, 그들도 마음을 열어줄 것이다. 가장 소중한 것을 찾으려거든 가족의 품속에서 찾아라. 자존심이 상하는가? 사랑으로 다가가고, 용서하며, 이해해 보라. 당신이 먼저 다가가야 한다.

　도움을 주기 위해 먼저 다가가고, 도움을 받기 위해서도 먼저 다가가야 한다. 사랑하기에 격식은 필요 없다. 늦기 전에, 늦가을의 끝자락에서 잃었던 것들을 다시 찾았다. 처음처럼, 당신도 더 늦기 전에 시작해 보라. 내 마음속에 쌓인 찌든 때를 모두 벗어버리자, 그랬더니 내 마음 깊숙한 곳에서 작은 불씨 하나가 나를 알아보고 내 품에 꼭 안겼다.

그 불씨는 작지만 강렬하여, 오랫동안 인(人) 추위 속에 있던 나를 따뜻하게 데워주었다. 부모가 남긴 가족의 정은 여전히 꺼지지 않은 작은 불씨로 남아 있었다. 당신도 그 불씨가 필요하다면, 시작해 보라. 그 불씨는 당신도 가져올 수 있다. 나는 고향 집 도랑 가에서 작가가 되겠다고 다짐하며 글을 썼다. 당시의 나의 상태를 적어두었다.

세상은 수십 년 전보다 풍족해졌지만, 마음은 그 시절처럼 따뜻하지 않다. 우리 모두에게는 당신이 태어난 가족이 있을 것이다. 사랑도 배움도 그곳에서 시작된다. 세상을 살면서 자신도 모르게 잃어버린 사랑이 있다면, 용기를 내어 보라. 사랑은 때로 무겁게 느껴질 수 있다. 사람마다 사랑의 형태는 다르다. 표현할 수 없는 것도 있을 것이다. 하지만 마음을 다 내려놓고 초심으로 돌아가, 잃어버린 사랑을 찾길 바란다.

진실하고 순수한 사랑은 값을 매길 수 없다. 사랑하는 사람에게 상처를 주기 때문에 쉽게 풀리지 않지만, 마음 깊은 곳에서는 이해하고 용서할 수 있는 여지를 남겨두자. 몰래 들어왔다가 회개하고 반성하며 나가라. 소중한 마음이 채워질 때, 당신은 잃어버린 사랑을 다시 만날 수 있을 것이다.

제 4 장

새로운 인생 도전을 위한
첫걸음 7가지 방법

인간의 모든 행위는 이 일곱 가지 원인 중
한 가지 이상에 의해 행해진다.

: 기회, 본능, 강요, 습관, 이성, 열정, 욕구

_ 아리스토텔레스

첫 번째: 두려움 없이 일단 시작하라

시니어인 당신에게 아무도 완벽을 기대하지 않는다. 그러니 조금 무모해져도 괜찮다. 도전하고 실수하며 실패하더라도 다시 웃으며 나아가면 된다. 두려움은 설렘으로 바뀔 수 있다. 경험이 없는 초보 작가는 미지의 세계에 도전하는 것과 같지만, 그 두려움도 언어를 바꾸면 극복할 수 있다.

필자는 두려움을 설렘으로 바꾸었다. 언어의 변화는 모든 것을 기다리게 하고 자신감을 주었다. 두려움의 반대는 무엇일까? 지식의 창고에서 많은 긍정적인 글들을 발견했다. 실천, 밝음, 행복, 사랑, 믿음, 자신감, 기대, 희망, 극복, 설렘 등이 필자를 반겨주었다.

필자는 두려움을 제거하고 시니어 작가가 되기로 결단하였다.

당신도 두려움을 느낀다면, 언어를 바꾸어 설렘으로 표현해보라. 그렇게 되면 당신의 미래는 승리하게 된다. 시니어인 당신도 성장할 수 있다. 두려움을 설렘으로 바꾸고, 새로운 선택으로 작가가 되어보자.

작가가 되면 처음에는 두려움이 있을 수 있다. 하지만 새로운 일에 도전할 때는 누구나 두려움을 느낀다. 특히 무대에 서서 발표할 때, 면접을 볼 때 긴장하게 된다. 하지만 모든 일은 시작할 때와 적응할 때 잠시 두려움이 있을 뿐이다. 두려움을 반대로 시작하라. 새로운 일을 접할 때는 항상 두렵다. 그 두려움을 설렘으로 바꿔라. 새로운 꿈도 사랑도 연애하는 것과 같다.

시니어가 작가가 되기 위해서는 도전이 필요하다. 초기 작가는 작가의 세계에 도전해야 한다. 두려움을 극복해야 원하는 것을 가질 수 있다. 새로운 일에는 항상 두려움과 설렘, 불안함, 떨림이 존재한다. 시니어는 인생의 3막에 접어든다. 누구나 새로운 일에 도전할 때 두려움이 있다. 두려움이 없는 사람은 간절함이 없는 것과 같다. 인생의 마지막 수업이라면 작가로서의 시간을 투자하라. 마지막 인생학교에 도전하라. 두려움은 잠시 있다가 사라진다. 믿음을 가지고 꾸준히 하면 승리할 수 있다.

나를 위한 꿈인데 무엇이 두려운가? 오직 작가로서 성공하자. 멈추지 말고 포기하지 말고 끝까지 진행하라. 필자는 어릴 적부터 책 읽기와 글쓰기를 좋아했다. 30대 초반에는 기억력 문제로 메모하는 습관을 갖게 되었고, 그 작은 습관이 글쓰기에 큰 도움이 되었다.

두려움을 설렘으로 바꿔 시작하자. 두려움 뒤에는 설렘이 기다리고 있다. 두려움을 이기면 글쓰기와 책 쓰기를 할 수 있다. 두려움은 성장 이전의 징조다. 새로운 일을 시작하는 데에는 약간의 어려움이 따르지만, 극복하면 더 나은 삶을 살 수 있다. 큰 의미와 보람 있는 인생을 살 수 있다. 두려움 없이 시작하라. 당신이 작가로서 시작하면, 당신 인생에서 가장 가치 있는 일들이 기다리고 있다. 결단하고 시작하자. 두려움은 금물이다. 설렘으로 시작하라.

작가가 되기 위해 두려움을 이긴다면, 시니어인 당신은 노후 대비에 완벽한 승리자가 된다. 당신이 작가가 되면 활기차고 힘찬 생활을 할 수 있다. 작가로서의 명성이 빛나고, 글을 통해 독자에게 즐거움과 기쁨을 줄 수 있다. 시니어도 작가가 되었다는 강인함을 보여주자. 큰 것은 크게, 좋은 것은 좋은 것으로 채우자. 매일 책을 읽고 글을 쓰며 작가로서의 직업을 갖고, 책을 써서 수익도 올릴 수 있다.

성공도 하고 출세도 하라. 두려움 없이 시작하라. 사람의 인생이 담긴 글을 쓰고, 평생의 경험과 지혜를 기록하라. 책에는 세상의 모든 지혜와 통찰, 역사가 담겨 있다. 그래서 한 권의 책이 사람을 바꾸고, 국가의 영웅이 될 수 있다. 책 쓰기는 현실적이며 일상생활이다. 농부는 매일 논에서 농사를 짓고, 어부는 매일 바다에서 고기를 잡는다. 작가는 매일 도서관에서 책을 읽고 글을 써야 한다. 당신의 일터가 도서관이 되기를 바란다.

피터 엘 보는 《힘이 있는 글쓰기》를 통해 이렇게 말하고 있다.

자유롭게 글쓰기는 내가 아는 한글을 쓰는 가장 쉬운 방법이 최고의 만능 연습법이다. 자유롭게 쓰기 연습을 하려면 그저 10분간 멈추지 않고 강제로 쓰면 된다. 때로는 좋은 글이 나올 테지만 그것은 우리의 목표가 아니다. 한 주제에 집중해도 좋고 그 주제에서 다른 주제로 갈아타도 좋다. 때로는 의식의 흐름을 잘 기록한 글이 나올 테지만 의식의 흐름을 계속 따라가는 것은 무리일 것이다. 자유롭게 쓰기를 하면 때때로 가속이 붙겠지만 속도는 우리의 목표가 아니다.

_《힘 있는 글쓰기》 52p, 피터엘보

책을 읽으며 실천과 행함을 습관화하라. 변화와 성장이 없다면 독서의 의미가 퇴색한다. 읽은 책이 당신에게 변화를 가져오고 성장의 기회를 제공해야 한다. 작가로서 두려움을 느낀다면, 글감이 떠오르지 않을 때일 것이다. 그러나 두려워하지 말라. 당신은 이미 작가이기 때문이다. 서울 국립중앙도서관에는 1,300만 권의 책이 당신을 기다리고 있다. 당신이 작가가 되겠다고 선언한다면, 지금 당장 시작하라. 시작해야만 그 느낌을 알 수 있다.

글쓰기는 연습을 통해 발전한다. 마음속의 이야기를 꺼내어 놓는 것, 그것이 바로 작가의 첫걸음이다. 자신을 믿고 계속 쓰다 보면, 그 과정에서 발견하는 즐거움과 성취감이 당신을 더욱 성장하게 할 것이다.

두 번째: 도전 과제를 삶에서 찾아라

필자는 진리의 말씀처럼 살아가고 싶었다. 신과 동행하는 삶은 종교인이라면 누구나 한 번쯤 소망하는 길일 것이다. "진리가 너희를 자유롭게 하리라"는 구절은 필자의 영혼을 구속에서 벗어나게 해 주었고, 그를 넓은 세상으로 인도했다. 수십억의 인구 속에서 필자의 마음은 자유로운 세상에 내려놓았다.

필자는 크게 배우고, 인파 속에서 새로운 것을 함께 배우고 공유하기를 원했다. 물이 흐르는 곳, 즉 마음이 이끄는 넓은 바다에서 존재하고자 했다. 수십 년간의 종교 교리 속에서 벗어나, 작가의 삶을 결심하게 되었다. 그는 서로의 개성과 기술을 공유하자는 뜻으로 H라는 약자를 사용했다. 현실 생존을 공유함으로써, 심리적 가뭄을 극복하고 풍족함을 누릴 수 있다고 믿었다.

물건을 나누고, 저렴한 가격으로 구할 수 있는 당근 마켓과 같은 시스템을 활용하여, 더 나은 삶을 위해 노력했다. 상류와 하류가 서로 나누고 배워가는 과정을 통해 자신의 것으로 만들기를 원했다. 마음을 열고 소통하며 경청하는 자세가 중요하다. 상대방의 이야기를 들어주는 것 또한 그 과정의 하나다.

사랑에 대해서는, 결혼한 사람이나 사랑하는 이에게도 마음을 50%만 주라고 강조한다. 무엇을 바라고 원하는지를 명확히 하지 않으면, 족쇄에 묶이게 된다. 결혼은 서류 속에 가두어 둘 수 있지만, 마음은 그렇게 되지 않는다. 필자는 결혼을 가족 회사에 비유하며, 서로의 관계에서 긴장을 풀어야 한다고 말한다. 결혼 전후로 항상 자기 관리를 철저히 하라는 것이다.

사랑을 다 주게 되면 자신을 보호할 자산이 없어지고, 마음의 부도가 날 수 있다. 그래서 자신을 위해 50%의 사랑을 저축해 두어야 한다. 언제 어떤 일이 일어날지 모르기 때문에, 자신의 힘을 저축하는 것은 필수적이다. 이 사랑이 필요할 때, 가정을 지키고 사랑을 지키는 데 쓰일 것이다.

사랑은 그 용량이 유지되어야 하며, 이를 소중히 여겨야 한다. 만약 외부의 누군가가 사랑을 갈망하게 만든다면, 본인의 사랑이 소멸될 수 있다. 사랑의 용량을 항상 유지하는 것이 어렵지만, 그 사랑이 저축되어 있다면 필요한 순간에 활용할 수 있다. 힘들고 아플 때, 아이를 키우고 가족을 돕는 데 사랑이 필요하다.

사랑을 매일 간식처럼 소모하면, 자신만 지치게 된다. 따라서 가족을 깊이 사랑하되 외적으로는 50%만 표현하라는 조언이 필요하다. 그렇게 하면 소중한 것을 잃지 않고 지킬 수 있다. 자신의 상태가 50%까지 내려갈 것을 미리 생각하며 사랑을 절약해야 한다.

필자는 이러한 방식을 통해 사랑의 에너지를 효율적으로 관리하고, 관계의 균형을 유지하는 것이 중요하다고 믿는다. 결국, 사랑은 주고받는 것이 아니라 서로의 마음을 이해하고 관리하는 과정이기 때문이다.

사랑에 대한 집착을 피하고, 자신의 위치와 사랑 관리를 철저히 하는 것이 중요하다. 가족 내에서의 규칙을 정하고, 가사 일을 구체적으로 나누어서 하며 마음의 구속을 피해야 한다. 스스로 맡은 일을 매일 실천하는 습관을 만들어야 한다. 이를 물로 비유하자면, 뜨겁지도 차갑지도 않은 적당한 온도를 유지해야 한다.

사랑 관리법으로써 가족과 부부 간의 사랑은 서로를 위해 공유해야 하며, 사랑은 받기만 해서는 안 되고 주기만 해도 안 된다. 어느 한쪽이 일방적이면, 그 가족은 5년 안에 부도날 수 있다. 가족은 협력해야 지속적으로 운영될 수 있으며, 외부의 인간관계에서는 1개를 주고 2개를 가져가는 관계를 유지해야 한다. 외부의 유혹에 대해 눈과 귀, 마음을 경계하고, 가족 안에서는 십계명이 지켜져야 한다. 안전한 가정을 위해서는 "너와 내가 함께한 가족"이라는 마음가짐이 필요하다.

사랑을 다 주는 것은 금물이다. 왜냐하면, 다 주면 상대방은 더 많은 것을 받고 싶어하기 때문이다. 따라서 적당히 주고, 받지 않더라도 큰 기대를 하지 않는 것이 중요하다. 자신의 마음을 챙기며, 가정과 가족의 중심을 중간으로 유지해야 한다. 필자의 경험에 따르면, 든든한 지원은 오직 자기 자신에게서 오는 것이다. 누군가를 도와줄 때는 조연의 관점에서 도움을 주고, 받는 것도 같은 입장으로 한정해야 한다.

주는 것도, 받는 것도 서로에 대한 집착이 없어야 하며, 간식 정도만 주고받는 것을 목표로 해야 한다. 봉사자는 간식처럼 작은 도움을 주는 입장에서 돕고, 자신의 에너지를 낭비하지 않도록 주의해야 한다. 적게 주다가 많이 주는 것은 문제가 되지 않지만, 많이 주다가 적게 주면 문제가 발생할 수 있다. 그렇게 되면 상대가 주인이 되고, 당신은 그의 종이나 노예가 될 수 있다.

주고받는 관계에서도 위치가 바뀌는 것을 경계해야 한다. 도움의 비중을 중간으로 설정하고, 자신의 위치를 50%로 유지하는 것이 필요하다. 가장 소중한 자신을 잃으면 다른 것들도 잃게 된다. 따라서 자신을 보호하는 데 최선을 다해야 한다. 인간은 자신의 존재를 관리할 의무가 있으며, 상대를 지킬 의무는 없다.

그러나 우리는 함께하기 위해 서로 도와야 한다. 이 과정에서 공유와 협력이 필요하다. 습관적으로 주는 것에 익숙해지면, 받지 못했을 때 서운함을 느끼게 된다. 내가 원하는 것을 갖고 싶으면 직접 가서 사는 것이 더 낫다. 자신의 신체와 마음을 위해 수시로 관리해야 한다. 내 안의 나를 챙기고, 신체 관리뿐 아니라 마음 관리도 꾸준히 해야 한다.

인생의 추운 겨울에 부도나지 않으려면, 외부 관리는 거울을 보며 꾸준히 하되, 마음 관리 또한 소홀히 해서는 안 된다. 마음도 근육처럼 강하게 다져져야 한다. 가장 힘든 순간에 자신을 일으켜 세우는 것은 외부의 도움에서 오는 것이 아니다. 사랑하는 사람이나 가족, 많은 돈도 마음이 부도나면 채워주지 못한다. 결국, 내 마음이 채워지고 스스로 일어서는 것이 가장 중요하다.

외부에서 오는 도움은 간식에 불과하다. 세계 최고의 부자들이 명상하는 이유는 마음의 평화를 찾기 위해서다. 비록 돈이 많더라도, 마음 근육은 스스로 만들어야 한다. 마음이 허약하면, 아무리 맛있는 건강식이나 비싼 음식을 먹어도 절대 채워지지 않는다. 필자는 여러 번 마음을 잃고 부도나는 경험을 했다. 이러한 경험이 없다면, 지금부터라도 마음을 관리해야 한다. 그리하면 주인으로서의 느낌을 받을 수 있다.

마음이 시킨 일을 통해 모험을 해보아야 진정한 느낌과 감각을 알 수 있다. 마음을 만드는 일은 죽을 때까지 지속되는 과정이며, 그 과정은 항상 부족하다고 느껴질 것이다. 외부 환경을 만드는 것도 좋은 습관이 되기까지는 수십 년이 걸린다. 따라서, 심리적으로 평온함을 유지하는 습관은 언제나 필요하다. 마음에 사랑이 생기면 기쁨과 행복이 느껴지며, 감각이 없는 죽은 세포가 반응하게 된다.

육체는 도움을 받지 못할지라도, 마음은 희망으로 가득 차 있다. 눈으로 보는 것은 단순한 흐름에 불과하며, 물이 흐르는 느낌처럼 스쳐 지나간다. 마음에 채운 것은 생명의 양식이 된다. 사랑의 배신을 당하면 영혼이 파산하게 되고, 신체도 제대로 기능하지 않게 된다. 사랑이 사라지면, 아무것도 하고 싶지 않게 되어 흔히 말하는 우울증에 빠질 수 있다. 하지만 누군가가 당신에게 사랑을 주면, 우울증은 치료될 수 있다.

사랑과 믿음을 잃고 배신당했을 때, 그리고 사랑하는 사람이 다른 사람과 사랑할 때, 당신의 기대와 꿈이 가짜로 드러났을 때, 가진 모든 것을 잃었을 때, 당신의 마음은 멈추고 영혼은 빛을 잃게 된다. 하지만 내면의 원한 것을 채워주었을 때, 에너지와 열정은 10배 이상 증가하게 된다.

마음의 추운 계절은 견디기 어려운 시기이다. 이 겨울을 나기 위해서는 남을 위해 봉사하는 것이 중요하다. 평소에 마음이 원하는 일을 하며 살아가면, 그것이 마음의 재산이 되어 힘든 시기에 일어설 수 있는 기반이 된다. 추억의 근육이 자신을 일으키고, 격려하며, 칭찬해 줄 것이다. 그러므로 마음이 가는 대로 나누고, 즐거운 일을 하는 것이 필요하다. 좋은 책을 읽는 것 역시 마음을 채워주는 중요한 활동이다. 마음이 원하는 책을 읽어주면, 마음이 더욱 풍요로워질 것이다.

삶에서 도전 과제를 찾아라. 도전 과제는 독자마다 달라야 하고, 다르다. 남들과 똑같이 인생길을 따라가려고 하지 말고, 자신의 길을 찾고 그 길을 걸어가야 한다.

세 번째: 매일 정해진 시간에 도전을 실천하라

필자는 책 쓰기를 인생 도전으로 삼았다. 하지만 독자들도 그렇게 해야 하는 것은 아니다. 독자들은 자신의 인생 도전을 찾고, 그것을 매일 정해진 시간에 도전하고 실천하는 것이 중요하다.

책 쓰기를 인생 과제로 삼은 독자들이 있다면, 매일 정해진 시간에 글을 쓰라. 나의 마음을 여는 방법은 독서다. 시작하라. 나의 삶이 글로 표현되도록 하라. 글을 쓰는 작가가 되는 데 필요한 것은 무엇인가? 종이와 펜, 그리고 핸드폰이면 충분하다.

필자는 매일 해가 뜨기 전에 산책을 한다. 책을 쓰려면 몇 가지 방법이 필요하다. 당신이 매일 정해진 시간에 데이트하듯이 글과 사귀는 시간이 필요하다. 글을 쓰는 것은 마음을 잘 맞추는 과정이다. 이를 위해서, 처음 글을 쌀 때 내면의 마음과 소통하는 것이 기본이다. 당신이 내면의 마음과 친해지면, 당신의 삶이 저장된 잠재의식 세계와 접촉하게 된다.

처음 만날 때는 매일 서로 연결될 수 있는 시간이 정해져 있어야 신뢰가 생기고 내면의 언어와 느낌을 받을 수 있다. 처음부터 큰 것을 바라지 말라. 글자 언어를 한국어 배울 때 자음과 모음부터 배우듯이, 내면의 언어도 느낌으로 당신에게 접근한다. 그 느낌이 당신이 글을 만들어 낼 자료다.

하지만 외부의 지식이 없다면 내면의 의식과 외부의 지식이 조화를 이루지 못해 혼합되지 않는다. 모든 것은 상대성이다. 내가 기본적인 지식을 갖추어야 소통하고 혼합되어 새로운 글감이 탄생할 수 있다. 사람도 겉옷을 멋지게 입으려면 속옷을 먼저 보정한 후에 겉옷을 입어야 멋이 난다.

따라서, 작가가 되기 전에 기본은 책 읽기다. 주제를 정했으면, 그 주제와 비슷한 책을 읽어야 한다. 그렇게 하면 자신의 일상생활이 글 친구가 되어 소통하고, 창의성 있는 멋진 글이 탄생할 수 있다. 매일 필요한 책을 읽고, 도움이 될 글감을 만들어 사용하기 위해 시간을 정하라. 그렇게 하면 당신의 일상생활에서 명품의 글이 태어날 것이다.

　매일 정해진 시간에 이 과정을 챙기고 관리하라. 잠재의식 속에 당신이 만들고 싶었던 글감을 창조하고 입력해야 한다. 잠재의식 세계에 자주 드나들어야 서로 느낌이 남는다. 바라는 글감이 잠재의식 속에 혼합되어 탄생한 글감은 잘 관리해야 습관이 된다. 하루에 한 번, 삼 일에 한 번, 일주일에 한 번 같은 시간에 소통의 흔적을 남겨두라. 기간이 오래 걸리더라도 당신의 리듬에 맞추어 잠재의식과의 관계를 관리하라.

　당신은 내면의 사람에게 도움이 필요하다. 내면의 관계와 소통을 매일 또는 정해진 시간에 반드시 지켜야 한다. 많은 사람이 책을 쓰려고 하지만 개념이 부족하거나 내면의 마음과 소통하지 않거나 관리를 하지 않는다. 책을 쓰기 위해 내가 바라는 목적을 매일 인식시켜 주어라.

　내면에 입력되지 않은 목적은 공중에 떠 있는 뜬구름과 같다. 공중에서는 아무것도 심을 수 없다. 생각과 목적을 이루려면 땅에 심어야 한다. 그리고 매일 관리해야 한다. 심어놓고 주기적으로 물과 사랑, 정성과 꿈이 자랄 수 있도록 관리하지 않으면, 한 주가 되기 전에 죽어버릴 수 있다.

사람들이 기도하는 이유는 사랑과 정성을 관리하고 매일 꿈을 주기 위함이다. 이러한 노력을 기울인 사람의 심은 씨앗은 반드시 성장한다. 당신이 매일 정해둔 시간에 글을 쓰는 것 역시 그 과정의 하나이다. 만약 당신이 글을 쓸 적절한 시간을 찾지 못했다면, 아래의 시간 활용 성공자들의 기술을 활용해 보라.

《한 번 더 힘》의 저자 에드 마일렛은 "72시간의 법칙"을 소개했다. 당신이 매일 정한 시간에 꾸준히 시간을 관리하고 활용하라는 것이다. 하루 24시간을 삼 등분 하여 사용하라. '첫 번째 하루'는 오전 6시부터 정오 12시까지, '두 번째 하루'는 정오 12시부터 오후 6시까지, '세 번째 하루'는 오후 6시부터 자정 12시까지다.

이렇게 일주일을 7일로 사는 보통 사람들이 있다면, 나는 일주일을 21일로 활용한다. 당신도 이 시간을 활용하여 꿈을 실현하길 바란다. 글쓰기를 처음 시작할 때는 글쓰기 환경이 낯설어 간단한 메모처럼 짧은 글만 나오기 마련이다. 글도 자신만의 자리를 정해 주어야 낯설지 않게 된다. 초기 작가들은 글의 맥을 찾아야 하며, 그 맥이 어떤 경로를 통해 나오는지 알아야 한다. 따라서 글을 잘 쓰려면 매일 글을 쓸 수 있는 환경을 만들어 주어야 한다.

필자는 글의 맥을 찾기 위해 매일 글을 썼으나, 이사를 간 후에는 평소 잘 나왔던 글이 차단되었다. 커피숍과 좋은 자리에 앉아도 글의 흐름이 낯선 환경에 적응하지 못했다. 그러나 2주가 지나자, 매일 방문했던 커피숍에서 글의 문이 열려 약간의 글맛을 보여주었다. 그곳의 환경이 나에게 적합하다는 생각이 들어, 매일 아침 산책 후 오전 7시부터 8시까지 그 커피숍에 출근하기로 했다. 이제 1개월이 넘었고, 그곳에서 글의 맥을 찾아 글을 쓰고 있다. 주로 오전 8시부터 오후 1시까지가 가장 좋다. 글이 잘 나오는 자리가 있고, 공부가 잘되는 곳이 있듯이 글을 쓰는 자리도 잘 잡아야 한다. 상대와 시선이 마주치는 장소는 피하는 것이 좋다.

왜냐하면, 고개를 들 때마다 상대와 시선을 마주치면 기분이 좋지 않기 때문이다. 책을 읽을 때는 상관없지만, 글을 쓸 때는 자신이 가장 편안한 곳에서 써야 한다. 주변이 거슬리지 않는 곳을 정해 매일 그 시간에 꾸준히 글을 써야 한다. 그렇게 하면 글의 맥도 그 시간에 찾아와 좋은 글감을 선물해줄 것이다. 매일 같은 시간에 글쓰기를 꼭 정해주어야 한다. 그렇게 해야 글도 잘 써진다. 글을 쓸 때는 특별한 일이나 긴급한 일이 아니라면 SMS 사용을 중지하라. 외부에서 오는 것을 차단하고, 내가 외부로 보낼 것도 차단해야 한다.

문자에 답변하거나 다른 일을 하는 것은 글을 쓰는 시간 외에 하도록 하라. 가장 중요한 일은 책 쓰기다. 일을 먼저 하고 나서 다른 일을 하라. 그래야 당신의 글의 맥이 열린다. 처음에는 신중을 기해 글의 맥의 문이 열리도록 정성을 다하고 약속한 시간을 반드시 지켜야 한다. 매일 정해진 시간에 글을 쓸 수 있도록 하고, 시간을 지켜주어야 한다.

전화도 하지 말고, 카카오톡이나 문자 보내는 것도 삼가라. 자신의 마음속으로 깊이 파고들어 자신에게 다정해지며, 자신을 표현하는 것에 두려움을 느끼지 말라. 글이 나오는 흐름을 막지 말고 관계없는 사람과의 접촉을 줄여라. 작가가 되는 방법은 여러 가지다.

매일 정해둔 시간에 글을 써라. 당신이 가장 잘할 수 있는 환경을 조성하라. 대부분의 글쓰기 책은 기억과 대상 간의 공간성을 다루며, 의식적 명시성이 나타난다고 주장한다. 그러나 대뇌 피질의 제한된 공간에 새로운 기억을 저장하려면 이전 기억들이 배열을 바꿔야 한다.

결국, 인간의 뇌는 기억이라는 공간적 배열을 동적으로 바꾸며 외부 환경의 변화하는 이미지를 만들어 낸다. 사물과 사건에 대한 이미지를 지속해서 재배열함으로써 시간 의식이 생겨난다. "기억 공간"에서 가능한 배열의 수가 바로 지식이며 의식이다.

이미지 패턴의 배열은 물리학에서 엔트로피와 같다. 결국 의식을 향한 뇌 과학은 엔트로피라는 개념을 통해 물리학과 만날 수 있었다. 의식의 실체가 물리학의 원자처럼 명확해지면 우주와 인간 존재에 대한 이해가 가능해진다. 그러나 내 환경은 다르다. 그러므로 매일 정해진 시간을 만들어 나의 일상생활이 잠재의식에서 습관이 되어 자동 시스템이 되어 글 쓰는 시간에 글이 생성될 수 있도록 당신의 뇌에 각인시켜야 한다. 그것이 매일 당신이 원하는 시간에 글을 쓰게 한다.

또는 다음과 같은 시간 활용도 괜찮다. 새벽 4시에서 11시까지 시간을 정해두고 매일 꾸준하게 활용해도 좋다. 마무리 시간은 자유다. 오늘 매일 쓰는 글은 3일 안에 완성하라. 그렇지 않으면 글감의 느낌이 사라져 희미해질 것이다.

2021년 기록된 인간의 하루 생각은 수면하는 8시간을 제외하고 1분마다 6~5번 생각을 전환한다. '캐나다 퀸스대 조던 포팽크 박사팀'은 인간이 하루 평균 6200번의 생각을 한다고 발표했다.

만약 당신이 멋진 글을 썼다면 3일 안에 수정하거나 완성하지 않으면 글은 생명력을 잃을 수 있다. 하루 수면 시간을 제외한 3일간의 생각 전환 횟수는 18,600번에 이른다. 그러나 글을 수정하지 않으면 그 결과는 당신의 생각에 맡기겠다.

　나는 새벽 6시부터 책을 읽고, 글쓰기는 오후 2시 이전에 마무리한다. 그 후에는 글을 다듬고 수정해 70% 정도의 형태를 만든다. 만약 게을러서 이 시간을 놓치거나 글 수정을 하지 않으면 느낌이 시들해진다. 들풀을 한 줌 꺾어 꽃병에 물을 넣고 꽂아두지 않으면, 30분도 지나지 않아 시들어 버린다.

　글감도 잡초처럼 쉽게 나올 수 있고, 나무처럼 단단하게 자랄 수 있다. 소중한 글을 완성하고 성장시켜라. 그것이 너의 일이다. 글도 부지런해야 건강하게 만들어진다. 건강한 글은 독자가 읽을 때 힘을 주는 글이다. 건강하고 힘 있는 글을 쓰는 작가가 되는 것이 너의 사명이다.

　예를 들어, 오늘 배운 것은 오늘 기록하고, 내 생각도 옆에 적어둔다. 부족한 것은 기록해 두고, 글감을 "세분화"하여 정리해라. 글은 쓰고 다듬고 고치고 정리해야 완성된다. 출간이 끝나면 투고해서 편집 후 책이 세상으로 나온다. 새 생명이 태어날 때 이름을 달고 나오는 것처럼, 너의 책도 주제의 이름을 달고 태어난다.

　매일 정해진 시간에 책을 읽고 정리하면, 3개월 후에는 독자의 생각도 작가의 생각이 될 수 있다. 책 읽는 환경이 익숙해질 때, 너도 이미 작가의 대열에 서 있는 것이다.

상대성 이론을 살펴보자. 시간과 공간의 상대성 이론은 시간, 공간, 물질의 에너지 동행이라고 할 수 있다. 작가로 결심한 순간, 너는 이미 작가다. 책을 쓰고 싶은 예쁜 마음 뒤에는 두려운 마음이 항상 함께한다. 하지만 가까이만 보지 말고 멀리 내다봐라. 그러면 모든 것이 자신 있게 보일 것이다.

많은 사람이 책을 읽어 작가가 되었다. 작가는 그렇게 조금씩 내 안에 스며든다. 내가 책을 읽는 동안 그 세계가 내면의 환경을 만들어 준다. 어느 순간부터 나도 작가가 되어 문을 열고 나올 것이다. 마음에서만 망설이지 말고 과감하게 작가의 길에 들어서라. 그러면 너는 이미 작가다.

삶을 종이 위에 옮기려면 어떤 글을 써야 할까? 저자는 하루도 빼놓지 않고 매일 글쓰기를 연습하라고 한다. 자기 안에 존재하는 글쓰기의 잠재력과 씨앗을 찾아내고 싹을 틔우는 것이 최고의 작가가 되는 기술이다. 글이 처음 나올 때는 이렇게 된다. 초벌이 나오기 시작하고, 검토와 수정을 거쳐 글이 만들어진다. 마지막 구조 변경은 머리, 어깨, 무릎의 과정으로 글이 채워진다.

작가가 되어 처음 글을 쓰면, 글쓰기 전후의 마무리 과정을 지나며 책이 완성되고 너는 작가가 된다. 그리고 한 번 작가는 생을 다할 때까지 작가다. 산 정상에 한 번 올라가 본 사람은 정상에 서면 산 너머 또 다른 산이 보인다. 맨 처음 정상에 오르면서 모든 과정을 겪었다. 다른 산으로 갈아탈 때도 기본 방법은 같다.

책의 주제를 잘 선정해 재미있는 경로의 길을 만들어 글 친구와 소통하여 너의 책을 만들어라. 너에게 글의 맥이 있는 자리를 인도한 이는 네가 더 새로운 글을 쓰기를 원한다. 매일 정해진 시간에 글을 써라. 그래야 너의 마음이 너를 기다리고 내면의 도움을 받아 외부와 소통할 수 있다. 내면과 외면은 서로 소통하여 재미있고 조화로우며 창의력이 넘치는 멋진 글을 만들어 낸다. 멋진 글은 너의 삶에 행운과 기쁨, 축복을 안겨준다.

네 번째: 너무 완벽하게 하려고 하지 마라

인생 도전이 무엇이든, 필자가 꼭 해주고 싶은 조언은 이것이다. 너무 완벽하게 하려고 하지 말라는 것이다. 완벽주의는 도전하는 것을 미루게 하고, 쉽게 포기하게 한다. 그러므로 완벽주의보다는 매일 실천하는 것이 훨씬 더 중요하다.

작가는 독립적이고 독창적이며, 자유롭게 글감을 창조하고 최고의 글감을 만드는데 힘을 다해야 한다. 가족 수는 줄어들고, 직장인은 자유 시간이 감소한다. 잠을 많이 자도 피로가 풀리지 않는다. 그럼에도 불구하고 시간은 너무 빨리 지나간다. 차를 타고 시간을 절약해도 항상 시간이 부족하다. 사람이 너무 바쁘게 살아서 그런 것일까? 주 5일제로 일해도 주 7일간 일한 것보다 더 부족하게 느껴지는 이유는 무엇일까? 우리는 매일 24시간을 사용하지만,

항상 시간이 부족하다.

글을 잘 쓰려고 하지 마라. 너의 일상과 미래의 희망, 축복을 담은 글을 만들어라. 그것이 작가가 해야 할 일이다. 예전에도 말했듯, 나는 책을 조금 쉽게 써보려고 했다. 작가들이 흔히 하는 말, "베껴 써라", "거인의 어깨에 올라타라"는 좋지만, 주제를 정하려면 합당한 책이 없다. 수천 권의 책을 "다문(多聞)", "다독 다상량(多商量)"의 방법으로 읽으려 했지만, 거인의 어깨에서 쓸 만한 "책 모델"을 찾지 못했다.

그래서 나는 내 삶을 쓰기로 했다. 목차는 조금 다르지만, 내게 문제가 있는지 점검하기 위해 건강검진을 받았다. 작가가 되겠다고 마음먹고 신체에 문제가 있어서는 안 되기 때문이다. 준비 없이 가면 멀리 가지 못하고 쉽게 된다. 달리기 전에 몸 관리를 하고 문제없이 시작해야 한다. 작가가 되어 집중하고 몰두했을 때 비로소 결과가 나타난다. 너무 잘 쓰려고 하지 마라.

사람을 상담할 때, 사람들은 자신의 속 이야기를 하지 않는다. 그러나 한 사람 옆에 두고 몇 시간 동안 특별한 이야기는 아니지만 내 인생 이야기를 간증하고 설명한다. 말한 후 상담을 요청한 사람은 듣고 나서 자신의 답을 얻어 간다. 중간에 말을 자르려고 하면

"계속 얘기해 주세요"라고 한다. 사람마다 삶의 방식은 다르지만, 나와 이웃들이 매일 똑같이 살아가는 데는 공통점이 있다.

부모, 자식, 가정, 가족, 직업, 사랑, 슬픔, 소망, 24시간, 건강, 운동, 일상생활 등이 그것이다. 신체 문제는 병원에 가서 검사받고 사진 찍으면 진단이 나온다. 하지만 정신이나 마음, 교회, 가족 같은 문제는 진단할 수 없다. 상대가 하는 이야기 속에 자신의 답이 들어있다.

심리적으로 문제는 있지만, 상대에게 전달하기 어려운 경우가 많다. 같은 맥락에서 글쓰기와 책 쓰기도 마찬가지다. 말의 표현을 잘해서 독자에게 전달하면 베스트셀러 작가가 된다. 그래서 나는 이미 경험했던 일을 글로 쓰고 있다. 삶의 일은 누구나 기본으로 해야 한다. 의식주와 생로병사의 경험, 가족, 직업, 학교, 사랑, 결혼, 인생 등 모두 다르기 때문이다. 이해하기 어려운 것들을 풀어내는 것이 작가의 일이다.

삶은 이야기다. 이야기는 글이 되고, 글을 잘 다듬으면 너도 작가가 된다. 공부는 학교에서 배우고, 기술은 전문가에게 배우고, 인생 공부는 책 선생에게 배우라. 작가인 너는 책 선생이다. 너의 삶을 세상에 알려라. 책 쓰기는 인생 이야기를 글로 표현하는 것이다. 너무 잘 쓰려고 하면 어색해진다. 인생의 노정을 글로 표현하면 참 아름답다. 각자의 노정은 하나도 같지 않다. 그래서 네가 책을 쓰면 명품 작가가 된다. 넓은 세상에 너의 삶을 독자에게 보여주는 것은 네가 최고에 올랐기 때문이다.

외적으로 보아도 같은 일처럼 보이지만 다르다. 생각과 사고가 다르기 때문이다. 글쓰기는 올바른 자세가 필요하다. 정신, 마음, 심리 안정, 건강 상태, 정서적인 생활 공간, 좋은 환경 등 좋은 글이 나올 수 있는 조건이 갖춰져야 한다. 사람들이 글을 잘 쓰려면 어떻게 해야 하는지 묻곤 한다. 그때마다 문장 실력을 잘 갖추라고 말한다. 타고난 재능이 부족하다면 문장 실력을 키우는 것이 유일한 방법이다.

글쓰기는 어떤 일보다 창조적인 일이다. 창의적 사고는 배워서 하는 일이 아니다. 글을 쓸 때는 이야기하듯이 술술 읽히게 쓰면 된다. 쉬운 글과 읽기 쉬운 글을 써라. 짧고 담백하게 써라. 거짓 없이 진실을 담아 써라. 과거의 이야기만 쓰지 말고, 미래 지향적이고 창조적인 글을 만들어 써라. 내가 알고 있는 이야기와 이웃들의 이야기를 섞어 글을 만들어 써라. 한 문장에는 한 가지 이야기만 담아라. 내용을 잘 담은 글을 써라. 길게 쓰지 말고 짧게 잘라 써라.

유튜브의 "크리에이터"는 행운의 글을 친필로 적어준다. 한마디로 소원의 글을 대필해 주는 사람이다. 글을 적어주는 유튜브 채널이 있다. 각자 사람은 원하는 자기 방식의 삶이 있지만 대부분 꿈과 소망은 비슷하다. 주제는 50개 전후로 정해지고, 특별한 경우 10개 정도 주제를 정해두면 특정 범위에서 개인의 문제가 해결된다. 작가가 쓴 글감도 거의 비슷하다. 옷으로 비교하자면 디자인이 거의 비슷하다. 조금 비싼 옷은 명품과 기성복, 바느질 브랜드의 차이가 있다. 원하는 꿈을 가진 사람의 간절함도 크게 차이가 나지 않는다.

글 쓰는 것을 너무 어렵게 생각하지 마라. 글을 쓸 때, 주제와 내용은 삶에서 소중한 이야기와 독자들이 듣고 싶어 하는 글을 담으면 된다. 글의 주제와 내용을 진실하게 독자가 알아듣게 써라.

고속도로를 달리듯이 글을 숨 가쁘게 쓰지 말자. 국도를 달리는 것처럼 쓰지도 말고, 도심지 시내 도로를 달리는 것처럼 편하게 써라. 신호등에 걸릴 때는 쉬어주고, 다음 신호등까지 속도를 유지하다가 신호등이 바뀌면 여유 있게 달리며 힐링하는 느낌으로 써라.

짧게 잘라 쓰는 것이다. 나도 처음에는 글 쓰는 법을 몰라 글을 자르지 못하고 이어서 쓰다가 글에 갇힌 적이 있었다. 그렇게 글을 쓰면 읽는 사람도 힘들고 글 쓰는 사람도 힘들다. 글이 길면 무겁다. 너무 길게 깊이 들어가지 마라.

미로에 갇혀 방향을 잃게 된다. 그래서 글을 짧고 쉽게 써라. 명확하고 알아듣기 쉽게 술술 읽히게 즐겁게 써라. 살아온 삶의 이야기를 재미있게 써라. 길을 가다 쉬었다가 걸어가고, 모르면 물어보고, 힘들면 의자에 앉아 쉬어라. 다만 네가 가는 길의 방향을 잃지 말고 감각을 표시해 독자가 힘들지 않게 책을 써라.

현실 세계는 긴 문장을 싫어한다. SMS에서도 젊은이는 글을 줄여 쓰고, 시니어는 빨리 쓰지 못해 짧게 쓴다. 작가는 독자를 위해 쉽게 써야 한다. 잘 읽히고 군더더기 없이 짧고 쉽게 써라. 상품에만 신상품이 있는 것이 아니다. 글감에도 신상품이 있다. 마음 근력을 강하게 만들어 줄 최고의 글감 재료를 만들 때 작가는 최고의 기쁨과 행복을 느낀다. 맛있는 요리도 있지만, 정말 맛있는 글이 있다.

다섯 번째: 작고 소소한 인생 과제도 좋다

인생 과제는 반드시 거창하고, 위대해야 하는 것은 아니다. 오히려 작고 소소해도 상관없다. 일상에서 작은 인생 과제를 선택해서 매일 실천하는 것이 훨씬 중요하다. 매일 반복을 통해 위대함으로 나아갈 수 있기 때문이다.

책 쓰기는 목적지를 정해두고 산에 올라가는 것과 같다. 어떤 산을 갈지, 어디서 어떤 방법으로 갈지를 고민한다. 여러 경로를 지나 산 입구에 도달하면, 산 정상에 올라가는 과정이 글쓰기다. 산길을 오르며 주변을 둘러보자. 이름 모를 초목과 잡초가 빈틈없이 자라있다. 초목을 주제로 글감을 만들어보자. 자연의 잡초와 풀, 나무들에게 이름을 붙여 글을 쓰자. 오감의 글이 만들어질 것이다. 글을 쓰겠다. 책을 쓰겠다. 생각을 쓰겠다. 대화 내용을 쓰겠다. 뉴

스를 쓰겠다. 작가의 글을 응용해서 쓰겠다. 일기를 쓰겠다. 추억을 쓰겠다. 꿈 이야기를 쓰겠다.

정상에 올라가는 여정에서도 글이 만들어진다. 목적지가 없으면 글을 쓸 수 없다. 고속도로가 몇 군데인지, 산이 몇 군데인지 생각해보자. 목적지를 정해놓고 한눈팔면 샛길로 빠졌다가 다시 돌아올 수도 있다. 어떤 길을 따라갈 것인가? 일반 도로, 국도, 고속도로, 기찻길 등 목적지는 정해져 있다.

산에 올라가다가 숨이 차고 힘들면 쉬었다 가자. 글쓰기도 마찬가지다. 글이 막히면 잠시 환경을 바꿔보자. 커피숍에 가서 커피를 한 잔 마시고 분위기를 바꿔보자. 버스를 타고 한 바퀴 돌거나 지하철을 타고 힐링하며 정신을 맑게 하자. 기차를 타고 푸른 자연을 보면 최고의 에너지를 받을 것이다. 그런 후에 다시 장소를 정해 글을 쓴다면 맑고 투명한 글이 만들어질 것이다. 음악을 좋아하는 사람은 유튜브에서 힐링 음악을 검색해 들어도 좋다. 차분하게 마음이 편해진다. 책을 쓸 때나 에너지를 보충할 때, 환경을 바꾸거나 자리를 옮겨보자. 신선한 생각과 심리의 변화가 생겨 창조적인 글감이 만들어진다.

영업 기술이 전혀 없는 신입 사원을 전국 판매 왕으로 만든 적이 있다. 수백만 원짜리 청소기를 하루에 7개 판매한 경험이 있다. 청소기 1대를 팔고 나면 에너지가 모두 소진된다. 에너지를 충전하는 방법은 먹고 싶은 것, 입고 싶은 것, 하고 싶은 것 등을 채워주는 것이다. 빠져있는 에너지를 필요한 만큼 보충해야 한다. 책을 쓰는 작가도 에너지가 없어지면 즉시 보충해야 한다.

 '소' 목차를 많이 쓰는 방법은 이렇게 하면 된다. 마음이 풍부하지 않을 때는 이런 방법을 써보자. 평소 즐겨 먹었던 커피를 한 잔 마시고, 과일도 챙겨 먹고, 창문을 열어 공기를 통하게 하자. 신선함을 나에게 선물하면 힘과 에너지가 가득 차오른다.

 심적으로 만족할 때 상큼하고 아름다운, 깊이 있는 글이 만들어진다. 읽기 좋고 군더더기 없이 쉽게 읽히는 글을 써라. 글을 쓰기 위해서는 매일 작가 자신을 위해 내면을 평온하고 풍부하게 해줘야 한다. 환경, 공간, 음식 변화를 자주 주어라. 부담 없이 자신을 위해 채워주면 매일 건강한 마음이 만들어진다.

 자기 관리를 자주 해주면 많은 양의 글을 쓸 수 있다. 환경 변화는 에너지를 많이 소모한 사람들에게 필수다. 만약 목적이 있어 일곱 명을 만난다고 해보자. 사람을 만날 때마다 본인의 에너지가 소멸한다. 다른 사람은 에너지가 풍부한데 본인만 에너지가 없으면 어떻게 할 것인가? 두 번째 사람을 만날 때는 충전된 상태로 만나야 목적을 이룰 수 있다. 강사와 작가는 모두 활력이 넘쳐야 하루 만에 며칠 할 일을 해낼 수 있다.

주인공이 에너지가 없고 지쳐있는 상태에서 고객을 접대하면 어떤 일이 벌어질까? 고객에게 정상적인 서비스와 봉사를 해줄 수 없다. 고객보다 주체자의 에너지가 부족하면 안 된다. 무엇을 주려고 하는 사람, 무엇을 이루려고 하는 사람, 봉사하고 싶어 하는 사람은 에너지가 넘쳐야 한다. 글쓰기도 마찬가지다.

작가가 글을 쓰는 것은 황무지 땅을 개간하는 것과 같다. 작가가 되기 전의 편견과 고정관념을 버려라. 작가가 할 일은 오직 책을 쓰는 것이다. 글을 쓰는 것 외에는 없다. 독자가 쉽게 읽을 수 있는 책을 쓰는 것이 중요하다. 쉽고 잘 읽히는 책은 많은 독자를 만날 수 있다. 책은 독자가 맛있게 먹을 곡식을 심는 것과 같다.

일기를 쓸 때는 누구에게 들킬 걱정이 없다. 마음대로 쓰면 된다. 하지만 책 쓰기는 다르다. 독자가 읽기 때문이다. 그래서 독자가 쉽게 읽을 수 있게 써야 한다. 한 권의 책에는 대략 135,000자의 글자가 필요하다. 한 페이지는 보통 540자로 채워진다. 한 페이지의 글자 수는 가로 27글자, 세로 20줄을 곱하면 나온다.

책 한 권을 쓰기 위해 보통 300권에서 500권 정도는 읽어야 깊이 있는 글, 쉽게 읽히는 글을 쓸 수 있다. 하지만 꼭 책을 많이 읽은 사람만 책을 쓸 수 있는 것은 아니다. 책을 읽지 않아도 자기 삶의 경험을 쓸 수 있다. 충분히 책을 쓸 수 있다.

독자가 원하는 것은 엄청난 지식과 정보가 아니다. 그것은 학교에서 배울 수 있다. 진짜 독자들이 원하는 것은 당신의 삶의 이야기다. 나와 비슷한 다른 사람은 어떤 생각을 하며 어떤 인생을 살아가고 있는지 궁금하다. 그래서 당신의 작고 소소한 이야기들이 모두 책의 소재가 될 수 있다.

100세 시대에 누구나 작가가 될 수 있다. 하지만 행동하고 실천하는 사람만 가능하다. 작가가 되고자 한다면, 시니어여도 상관없다. 돈을 벌기 위한 전업 작가도 있지만, 전문 분야의 전공자가 가르치는 전문적인 책을 쓰는 작가도 있다. 하지만 평범한 사람의 일상을 그대로 글로 만들어 책을 쓰는 작가의 글맛은 특별한 맛이 있다. 이런 작가의 글은 다른 누군가의 글과 비교할 수 없다.

나는 아침 6시부터 오후 4시까지 책 쓰는 일을 하고, 오후 6시부터 새벽 2시까지 글 수정과 책 읽는 시간을 갖는다. 글을 쓸 때는 식사 전이다. 식후에 쓰면 정신이 맑지 않고 불투명해진다. 그래서 식후 오후부터는 책을 읽기도 한다. 책을 좀 더 제대로 쓰고 싶어서 특별한 장소를 자주 방문한다. 그곳은 국립중앙도서관, 국회도서관, 별마당 도서관, 부산 시립 시민도서관이다. 이곳들이 내가 책을 읽고 쓰기에 조건이 잘 맞고 마음에 드는 장소다. 그 외에는 집에 있는 서재의 책으로 충당한다.

여섯 번째: 액션 플랜은 간단해야 한다

인생 도전의 액션 플랜은 간단명료해야 한다. 그래야 자신이 명확하게 행동할 수 있다. 인생 도전이 책 쓰기인 경우에도 이런 원리는 적용할 수 있다. 문장을 쓸 대, 간단명료해야 한다.

쉽고 짧게 쓰면 독자가 생긴다. 좋은 글쓰기는 쉽고 간결하며, 머리에 쏙쏙 들어오는 글이어야 한다. 글의 잠재력을 활용해 독자와 소통하라. 시간을 제한하고 책 속에서 유익한 정보를 뽑아내라. 상대의 행동을 이끌어내려면 어떻게 써야 할까?

책 주제는 한 줄로 간단히 적는다. 짧을수록 유익하다. 15초에서 30초 안에 사람들의 마음을 흔들고 지갑을 열게 해야 한다. 주제를 3자에서 10자 안에 적고, 핵심을 명확하게 표현하라. 독자가 읽고 이해할 수 있는 글을 써야 한다.

명확한 글 표현 능력이 필요하다. 서점에는 글쓰기 서적이 많다. 글을 잘 쓰려면 "다문, 다독, 다상량, 다작"을 실천해야 한다.

많은 책을 읽으면 읽은 내용이 마음속에 조화롭게 자리 잡아 좋은 글을 형성한다. 작가가 되려면 읽기만 할 것이 아니라 써야 한다. 책 쓰기는 인생을 바꾸는 강력한 힘이다. 책 쓰기로 인생이 바뀐 사람들을 쉽게 만날 수 있다. 책 쓰기 외에도 인생이 바뀐 경우가 있지만, 책 쓰기가 가장 빠르고 쉽다.

시니어가 작가가 되기는 쉽지 않다. 지식이 많은 사람도, 적은 사람도 자기만의 글을 가질 수 있다. 인간은 같은 하늘 아래에서 인생 학교에 다녔다. 각자도생의 삶을 남의 수준과 비교해 평가할 수 없다. 인생 학교는 평등하다. 그래서 시니어는 글을 어렵게 쓰지 말라. 초등학생도 읽을 수 있는 글을 써야 한다. 독자가 쉽게 읽을 수 있는 글을 쓰는 것이 중요하다.

보통 사람에게는 평범한 글, 전문가에게는 눈높이에 맞는 품격 높은 글을 써야 한다. 하지만 독자가 읽기 쉬워야 하고 잘 팔리는 책이 가장 중요하다. 책 쓰기는 고통이 따르는 창작 과정이다. 각자가 여건에 맞게 실천해야 한다.

책 쓰기는 생각을 글로 표현하는 것이다. 사물이나 현상의 내면을 살필 줄 아는 것이 중요하다. 글을 많이 쓸수록 솜씨가 좋아진다. 타고난 재능도 중요하지만, 매일 읽고 쓰는 반복이 복리 효과를 가져온다. 글쓰기의 기본을 갖추는 것이 가장 중요하다. 아름다운 글을 찾아내라. 문장은 짧을수록 좋고, 형용사를 남발하지 말라. 주어와 서술어를 일치시키고, 조사를 정확히 사용하라. 같은 표현은 반복하지 마라.

독자는 시간이 없다. 현대인들은 책을 읽을 시간이 많지 않다. 그래서 한정된 시간 안에 그들의 관심을 사로잡고, 그들에게 가치 있는 정보를 제공하는 것이 중요하다. 독자들이 글을 쉽게 읽고 이해할 수 있도록 쓰는 것이 바로 성공적인 작가가 되는 비결이다.

책 쓰기는 매우 중요한 작업이지만, 너무 잘 쓰려고 애쓰지 않아도 된다. 잘 읽히는 글, 쉽게 공감할 수 있는 글이 가장 좋은 글이다. 독자가 쉽게 접근할 수 있는 책을 만드는 것이 성공의 열쇠다. 너무 어렵고 복잡한 이야기를 담으려 하지 말고, 일상 속에서 작은 이야기를 자연스럽게 풀어나가는 것이 중요하다. 그런 작은 이야기들이 모여 독자의 마음을 움직인다.

사람들은 어려운 책보다는 쉽게 읽히는 책을 좋아한다. 짧고 명

쾌하게 쓰면 독자는 쉽게 다가온다. 특히, 현대의 독자들은 복잡한 문장보다는 가볍고 빠르게 읽을 수 있는 글을 선호한다. 복잡한 이야기는 전달하는 데 많은 시간이 걸리지만, 간단한 이야기, 짧은 문장은 쉽게 독자의 마음에 남는다.

독자가 원하는 것은 바로 이런 글이다. 쉽고 짧지만, 감동을 주고, 생각하게 하는 글. 그런 글을 쓰려면 지나치게 많은 생각을 하지 말고, 그저 담백하게, 일상 속에서 나오는 자연스러운 이야기를 담으면 된다. 긴 문장, 어려운 문장이 아니라, 독자와 자연스럽게 소통할 수 있는 글을 쓰는 것이 중요하다.

좋은 글은 결국 독자의 시간을 아껴주고, 그들이 원하는 정보를 쉽게 전달하는 것이다. 너무 많은 것을 설명하려 하지 말고, 핵심만을 짧고 명확하게 전달하라. 그렇게 쓴 글은 독자의 마음을 움직이고, 그들에게 새로운 생각을 심어준다.

일곱 번째: 실패도 하나의 값진 인생 경험이다

인생 도전을 할 때, 실패를 절대 두려워해서는 안 된다. 실패해도, 그 자체가 하나의 인생 경험이 되기 때문이다. 인생 도전은 하나의 인생 경험이 될 뿐만 아니라, 책을 쓸 때도 다양한 인생 경험은 큰 도움이 된다.

책 쓰기는 인생 경험을 전하면 된다. 하고 싶은 일과 하기 싫은 일이 있을 때, 사업도 실패하고 망할 수 있다. 개인의 삶도 마찬가지로 실패하거나 무너질 때가 있다. 하지만 그것이 흠이 될 수는 없다. 처음 해보는 경험이기 때문이다. 인생을 살다 보면 잘못된 길로 들어섰다는 걸 알면서도 그곳에 머물러 있는 순간이 있다. 이것 역시 경험의 일부다. 인생은 매일매일 새로운 삶을 살아가는 과정이다. 그러니 실패는 삶의 일부일 뿐이다. 책을 쓰는 것도 마찬가지다. 그저 자신의 경험을 솔직하게 전하는 것이 중요하다. 큰 이야기가 아니어도 된다. 작은 실패도, 작고 소소한 일상도 책으로 쓸 만한 가치가 있다.

인생 경험은 무궁무진하다. 필자도 그렇다. 하고 싶은 일과 하기 싫은 일이 공존할 때, 사업은 실패하고 개인의 삶도 망할 수 있다. 하지만 그런 경험을 흠으로 여기지 말라. 왜냐하면 그것은 처음 해보는 일이기 때문이다. 살다 보면 잘못된 길임을 알면서도 머무는 경우가 있다. 경험은 인생의 기술이다. 맨발로 물속에 발을 담그지 않고서는 물의 촉감을 느낄 수 없다. 결국 인생은 매일 새로운 삶을 살게 된다.

미래는 가까이 보이지 않거나 멀리서 흐릿하게만 보인다. 어떤 일이든 직접 해보아야 내가 그 일을 오랫동안 할 수 있을지 알 수 있다. 모든 직장과 사업은 미지의 세계다. 내가 선택해 내 것으로 만들면 그것이 내 것이 되고, 그렇지 않으면 남의 것이 된다. 직장에서 일하는 사람, 사업을 하는 사람, 신메뉴와 신상품을 개발하는 사람, 새로운 미래를 창조하고 새로운 삶에 도전하는 모든 이들이 있다.

사람은 매일 고립되지 말고 창조적인 생각으로 상상해야 한다.

육체는 한곳에 머물러 있지만, 마음은 하루에 수만 번 변한다. 몸이 노동하여 자유가 없다고 생각하지 말라. 종교인이라면 마음속으로 기도를 할 수 있다. 생각나지 않으면 "나는 나를 사랑한다. 너는 무엇이든 할 수 있다."고 반복하며 외치라. 나를 위해 외치면 힘이 솟는다.

상류 1%의 삶을 꿈꾸는가? 그들이 어떻게 사는지 연구하라. 요즘 서점에는 돈을 벌었다는 실화 책이 넘쳐난다. 성공자의 가르침을 실천해 보라. 수백 권의 돈을 벌었다는 책이 존재한다. 공부는 시니어도 가능하다. 많은 성공자의 책을 읽어왔다. 한국인 영국 부자 '켈리 최'가 후배들을 성공시키기 위해 노력하고 있다. 그들은 흙수저에서 금수저로의 변화를 인터넷을 통해 알리고 있다. 인생의 성공은 돈에만 국한되지 않는다.

그러나 사람이 성장하는 일이 멈추면 생기를 잃는다. 가장 기쁘고 즐거운 일은 봉사하는 것이다. 그중에서도 상대가 원하는 것을 해줄 때 가장 보람을 느낀다. 봉사활동에서 내가 하고 싶은 일이 아닐 때, 어떻게 일을 할 것인가? 내가 하고 싶은 일이 아니어서 멈출 것인가? 남이 나에게 누명을 씌운 적이 있는가? 남의 실수로 내 옷이 망가진 경험이 있는가?

잊을 수 없는 기억이 있다. 새 옷을 입고 교회에 갔는데 상담 요청이 들어왔다. 정장 차림으로 예배 1시간 전에 도착했지만, 화장실이 너무 더러워 기도에 집중할 수 없었다. 새 옷을 입고 갔기에 그 상태로 상담을 진행할 수 없다고 판단했다. 그래서 근처 마트에 가서 청소 도구와 유한락스를 구입한 후 1시간 동안 청소했다.

모처럼 주일에 새 옷을 입고 갔지만, 힘들게 청소한 후 영적인 환자를 상담했다. 그 환자의 심리 상태는 화장실의 환경과 같았다. 환자의 영혼을 치유할 수 없을 정도로 기운이 탁했다. 청소를 통해 그 영혼을 반드시 치유해야겠다고 마음먹었다. 일이 모두 끝나고 집에 와 보니, 유한락스가 옷에 튀어 수십만 원의 옷이 망가졌다. 하지만 생명을 치유할 수 있어서 다행이라 생각했다. 만약 당신이라면 어떤 선택을 했을까? 거부할 수 없는 일이 있었을 때, 영혼의 느낌을 이미지로 보여준다. 사심 없이 양심적으로 일을 할 때 미리 답을 받을 수 있다.

신은 영혼이며, 우리를 알고 있다. 우리의 영혼 또한 신의 느낌으로 인식된다. 그가 보여주는 환경의 이미지는 환자의 상태를 미리 알려준다. 청소하지 않았다면 환자 상담을 포기했을 수도 있었을 것이다. 그러나 환자를 치유했다. 옷은 버렸지만, 환자의 영혼이 회복된 것에 감사하다. 그때의 추억은 잊을 수 없다.

이런 이야기를 하는 이유는 계획되지 않은 일과 양심에 걸려 피할 수 없는 일이 생길 때, 감당할 수 있으면 감당하라는 것이다. 당신이 싫어하는 일은 다른 사람도 하기 싫어한다. 하지만 그 일을 해낸다면 어려운 환경에서 막힌 일이 술술 풀릴 것이다. 이는 당신이 누군가를 위해 희생한 봉사가 있었기에 가능하다.

봉사활동에는 두 가지 유형이 있다. 첫째, 미리 계획된 봉사활동 둘째, 뜻밖의 상황에서 발생한 봉사. 어떤 일이든 당신의 양심에 따라 행동하라. 이러한 경험을 통해 피해를 본 사람은 '10배' 축복이 올 것이다. 오른손이 하는 일을 왼손이 모르게 하라. 대가를 바라고 하지 말라. 작은 일이라도 당신이 할 수 있다면 도와주라. 일을 가려서 하지 말고, 상대가 원하는 일을 해주라.

남을 돕기는 쉽지 않다. 일하는 것만이 봉사가 아니다. 음식을 나누는 것 또한 봉사다. 요즘은 먹는 것이 천국이다. 가정마다 냉장고에 먹지 않은 음식이 가득하다. 냉동고도 가득 차 있고, 김치냉장고를 포함해 가정에 냉장고가 세 대나 있다. 하지만 항시 밥상 위는 몇 가지 음식밖에 나오지 않는다. 먹고 싶은 것만 골라 먹기 때문이다. 먹기 싫은 음식은 이곳저곳에 가득하다. 나누어 먹으라.

좋은 것을 먼저 베풀고 나누어라. 음식이나 생활용품을 먼저 나누고 먹어라. 대개 사람은 맛있고 좋은 것을 먼저 나누지 않는다. 사용하고 남은 것을 나누는 경우가 많다. 반대로 무엇이든 먼저 나누는 사람은 대가를 10배, 100배 받는다.

오랫동안 채워 둔 냉장고의 물건이 한 해가 지나도 그대로인 경우가 많다. 먹지도 않은 재료들이 냉장고에 가득 차 있다. 새로운 것을 사들일 생각하지 말고, 있는 재료를 응용하여 만들어 먹는 재미도 쏠쏠하다. 복을 받는 사람은 무엇을 해도 복을 받으며, 그런 사람은 일하는 방법도 다르다.

도움이 필요한 사람을 도와라. 예전에는 이와 비슷한 사람들을 도와주라고 했지만, 지금은 왜 돕지 말라고 하는가? 이 사람은 벌을 받고 있다. 자신이 잘못해서 벌을 받고 있으니, 일을 완성할 때까지 기다리라. 지켜보아 주고 기도만 해주라. 스스로 깨달아야 변화된다. 자기가 원하는 것을 기도하라.

어느 교회 목사가 수십 년간 교회 사역을 했다. 그는 남들보다 부지런하고 최선을 다해 생명 전도에 노력했다. 하지만 교회는 성장하고 있는데 운영비와 의식주 문제가 심각하게 부족했다. 매일 교회 자금 부족으로 힘든 날들을 보냈다. 그러던 어느 날, 그는 하나님께 기도했다. "하나님, 왜 저의 의식주와 교회 성장비가 부족하십니까?" 그러자 신이 이렇게 답변했다. "왜 너는 평생 돈을 달라고 하지 않았느냐?" 목사는 대답했다. "제가 열심히 일하면 신이 알아서 저의 돈 문제를 해결해 주실 줄 알았습니다."

내가 원하는 것은 내가 알 수 있다. 누구나 소망하는 마음이 있다. 먼저 마음으로 구하라. 자신에게 필요한 것을 구하라. 갈망하지 않는 자는 아무것도 받지 못한다. 기도와 소망은 씨앗이다. 씨앗을 심지 않는데 곡식이 날까? 궁핍한 인생은 부정만 가져온다. 열심히 일하고, 필요할 때 여러 가지를 기도하라. 달라고 하지 않으면 주지 않는다.

돈이 당신에게 필요할 만큼 달라고 기도하라. 교회 목사가 생명만 달라고 했더니 생명만 주었다. 하나님 일과 교회 일만 구하면, 당신의 가족과 가정에 필요한 돈은 누가 챙겨주지 않는다. 가정에 필요한 것, 내가 필요한 것을 스스로 달라고 해야 돈이 들어온다.

기도하지 않고 받은 것은 내 것이 아니다. 하나님의 것, 예수님의 것, 성령님의 것 모두 다르다. 누구의 이름으로 간구했느냐. 내가 필요한 것은 나의 입으로 기도해 구해야만 한다. 기도는 씨앗이다.

이방인과 결혼하여 교회에 나가지 못했던 시절이 있었다. 수년 동안 교회 상황을 성도에게 물어보고, 교회 운영에 어려움이 있는지 살폈다. 새벽마다 집에서 교회와 목사를 위해 기도했다. 전도자와 전도사를 위해서도 기도했다. 기도하는 자는 봉사자였다.

기도하는 사람은 의인이다. 교회를 위해 스스로 찾아 일하는 자가 되어야 한다. 당신과 가족이 어려울 때 반드시 조건의 대가를 받는다. 나는 수년간 아무도 모르게 스스로 교회를 위해 기도했다.

수년이 지나자 하나님은 나에게 전국을 위해 기도하라고 하셨다. 세계 각국을 위해 기도하라고 하셨다. 누가 알아주지 않아도 기도하라. 누구를 위해 기도하라. 정치를 위해 기도하라. 하나님이 일하게 기도하라. 예수님이 일하게 기도하라. 성령님이 일하게 기도하라는 영감을 주셨다.

기도하면 신령해진다. 경남에 있는 개척 교회에서 목사가 취임한 지 얼마 되지 않았다. 서울에서 온 목사는 지방 교회 성도와의 소통이 어려워 당황해하는 모습을 보았다. 나는 목사가 원하는 것을 위해 새벽, 점심, 저녁으로 간절히 기도해 주었다. 아무도 알아주지 않아도 신은 알고 있다. 얼마 후 교인에게 물어보니 목사님이 흡족해하신다고 했다. 남을 위해 기도해 주는 것도 봉사다. 진리의 삶은 할 일이 많다. 의인의 기도는 대가를 바라지 않기 때문에 기도의 효과도 크다.

돈은 여러 형태로 족보가 다르다. 좋은 돈, 가치 있는 돈, 훔쳐갈 수 없는 돈, 생명의 돈, 의인의 돈, 사랑의 돈은 써도 줄어들지 않는다. 백지수표는 쪼개 쓸 수 없는 돈이고, 보증수표는 선불로 받은 돈, 대출받은 돈은 후불로 지급되는 돈이다. 의인의 돈이 가장 비싸다. 그 돈은 생명도 살릴 수 있다. 돈으로 생명을 살릴 수 있는 사람이 있는 반면, 돈이 있어도 생명을 살리지 못한 사람도 있다. 그렇지만 의인의 기도는 생명을 살릴 수 있다. 현장에서 봉사 활동이라면서 배운 몇 가지를 적었다. 당신에게 도움이 되었으면 좋겠다.

당신도 환경이 풀리지 않는다면, 가진 것을 나누고 남을 위해 봉사하거나 신이 하는 일을 스스로 찾아서 하면 당신이 하는 일이 잘 될 것이다. 상대가 나를 뚫어주기를 기다리지 말고 내가 먼저 뚫고 나가는 방법을 찾아라. 남을 위해 봉사하거나 남들이 나에게 부탁한 것을 들어줄 때, 내 문제도 해결될 때가 있다.

제 5 장

63세에 인생 도전을 하면
좋은 8가지 이유

내 견해로는……
조심스러운 것보다 맹렬한 편이 더 낫다.
운명이란 여자와 같아서 정복하고 싶다면 굴복시켜야 한다.
운명은 조심스럽게 접근하는 사람보다는 맹렬한 사람들에게
자신을 차지하도록 허용할 게 분명하다.

_ 니콜로 마키아벨리, 《군주론》

인생 도전은 최고의 노후 대비다

~~~~~~

"한 번 더 베풀 때마다 일 년 젊어진다. 우리 자신을 아낌없이 줄 때 가장 좋은 점은 우리가 얻는 것이 우리가 주는 것보다 항상 더 낫다. 반작용은 작용보다 더 강하다."

_ 오리슨

이 말을 떠올릴 때마다, 나눔의 가치가 얼마나 큰지 새삼 깨닫게 된다. 시니어가 되면 몸과 마음이 함께 굳어지기 마련이다. 생각도 사고도 단단한 석고처럼 굳어버린다. 조금 전에 했던 말조차 생각나지 않고, 목적으로 출발한 곳에서도 그 목적을 잊어버리고 헤맬 때가 많다. 이는 정신에 쌓인 잡념과 오물 때문이다. 수십 년간 채우기만 하고, 비워내지 않아서 머리도 마음도 꽉 막힌 채, 새로운 생각이 자리할 틈이 없다.

이런 문제는 물건을 비우지 않고 계속해서 들여오기만 하는 오래된 집과도 같다. 한 집에서 수십 년간 살면서 해마다 새로운 물건만 사들이고 헌것을 버리지 않으면, 집은 점점 비좁아지고 어지러워진다. TV에서 가끔 보이는 '물건을 버리지 못하는 노인'의 모습이 낯설지 않다. 지나가는 길에서 아깝다며 주워온 물건, 이웃집에서 받아온 물건 등이 집안 곳곳에 쌓여 있다. 대부분은 다시는 사용되지 않는 물건들이다. 수십 년간 유행이 지나버린 물건들도 많고, 이제는 쓸모가 없어진 물건들이 차지하고 있는 공간은 그대로 마음속의 상태와도 같다.

물건도 자주 사용해야 물건의 혼이 살아난다. 쓰지 않는 물건은 쓸모가 없어진다. 책도, 도구도, 가전제품도 마찬가지다. 한 번도 꺼내 쓰지 않은 물건들이 집 구석구석에 자리하고 있다면, 그것은 이미 역할을 다하지 못한 죽은 물건이나 다름없다. 이것을 정리하고 새로운 용도로 바꾸거나 필요한 사람에게 나누어줘야 한다. 물건이든 생각이든, 오래된 것들을 비워내고 새로운 것을 들여올 때 생명력이 깃든다.

내가 아동 도서를 팔면서 헌책과 새 책을 교환해주던 일이 생각난다. 헌책을 팔거나 중고책방에 넘기지 않고, 보육원이나 어린이집에 기증하니, 비록 헌책이었지만 아이들에게는 새 책과 다름없는 선물이 되었다. 헌책을 나누는 작은 봉사였지만, 나에게는 새 책 이상의 의미로 다가왔다. 그렇게 베풀었더니 나중에는 신규 고객들이 몰려들었다. 헌책을 통해 아이들에게 기쁨을 주었고, 그로 인해 내 사업도 더 잘되었다. 누군가를 위해 무엇인가를 나누면, 그 나눔은 부메랑처럼 돌아와 나에게 큰 축복을 안겨주었다.

청소기를 판매하던 시절에도 같은 경험을 했다. 신상품을 팔면서 유행이 지난 최상품의 중고 청소기는 경로당에 기증했다. 비록 중고였지만, 경로당 어르신들에게는 큰 도움이 되었다. 물건의 가치는 상대가 필요로 할 때 빛을 발하는 것이다. 중고 상점에 팔면 가치가 낮아지지만, 필요한 곳에 기증하면 물건의 가치가 새로워진다. 한 번 나누었더니 경로당에서는 감사의 뜻으로 주변 사람들에게 내 사업을 소개해주었다. 그로 인해 신규 고객도 늘어났고, 나도 그들의 감사 인사에 마음이 따뜻해졌다.

나누는 것의 진정한 힘은 여기서 발휘된다. 단순히 물건을 주고받는 것이 아니라, 마음을 주고받는 일이다. 나눔은 상대의 마음을 열어주고, 나를 더욱 단단하게 만든다. 상상의 힘을 발휘하여 누군가에게 유익이 되는 일을 하면, 상상 이상의 축복이 돌아온다. 감사와 사랑이 협력할 때, 상상조차 할 수 없었던 행복이 나에게 찾아온다.

작은 봉사라도 조금씩 실천해 보자. 물건이든 마음이든 베풀면, 그것은 수십 배가 되어 나에게 돌아온다. 당신의 작은 봉사는 누군가에게 큰 도움이 될 수 있다. 당신의 마음이 시키는 일을 외면하지 마라. 주는 기쁨을 느껴보라. 받는 사람도 그 기쁨을 느끼고, 나누어준 사람에게 그 감사가 돌아오게 마련이다. 헌 물건을 나누는 일도, 그 마음만 진실하다면 그 물건은 새 생명을 얻어 부메랑처럼 다시 돌아온다.

당신이 할 수 있는 작은 봉사도 괜찮다. 내 옷장에 있는, 내가 더는 입지 않는 옷을 내어주는 것만으로도 충분하다. 나눔은 크고 거창한 것이 필요 없다. 그것이 물건이든, 시간이든, 마음이든, 그 작은 나눔이 돌고 돌아 나에게 큰 기쁨으로 돌아온다.

나는 늘 깨달았다. 누군가를 돕겠다는 마음으로 시작한 일이 결국 나를 돕는 일이라는 것을. 나를 비우는 일이 나를 채우는 일이라는 것을. 신뢰와 약속을 지키는 일은 나를 완성하는 일이다. 그래서 내가 무언가를 나누기 전에 가장 중요한 것은 나와의 약속을 지키는 것이다. 약속을 지키지 않으면 그 나눔은 무의미해진다. 약속을 지키는 일은 큰일이든 작은 일이든, 당신을 온전히 완성하는 길이다.

모든 일을 만능으로 해내는 사람의 말은 힘이 있다. 그 사람의 행동은 신뢰를 낳고, 그 신뢰는 새로운 창조의 길을 만든다. 자기 몸값은 스스로가 정하는 것이다. 당신이 자신을 귀중한 존재로 평가하고 대우해야, 다른 사람도 당신을 귀하게 대한다. 당신이 귀중한 대가를 받으려면 자신의 가치를 높이고, 그 가치를 유지해야 한다.

나눔을 통해 당신은 단순히 물건을 베푸는 것이 아니다. 당신의 시간을, 당신의 정성을 나누는 것이다. 이 모든 것은 삶을 아름답게 꾸며주는 보석 같은 일이다. 그리고 이 보석은 언젠가 반짝이며 당신의 인생에 돌아올 것이다. 나눔은 단순한 기부나 봉사가 아니다. 그것은 마음을 열고, 상대방의 마음을 이해하며, 그들과 진정한 교감을 나누는 것이다.

시니어들에게 책 쓰기는 바로 이 나눔의 연장선이다. 살아온 인생을 나누고, 경험을 전하고, 마음을 전하는 일이다. 단순히 시간 보내기가 아닌, 나를 위한 가장 소중한 나눔의 시간이다. 내 삶의 이야기, 내 경험이 누군가에게 위로가 되고 힘이 된다면, 그것만으로도 나의 인생은 충분히 가치 있는 것이다.

책을 쓰며 당신이 겪은 일상 속의 작은 에피소드를 떠올려보라. 그 소소한 이야기가 누군가에게는 큰 힘이 될 수 있다. 큰일이 아니어도 좋다. 당신이 아침에 느낀 기분, 오랜만에 마주친 이웃과 짧은 대화, 또는 커피 한잔 마시며 떠올렸던 생각 등, 그 모든 것이 책의 소재가 된다. 나누는 마음으로 이야기를 전해보라. 그 이야기는 당신을 더 젊게 만들고, 독자에게는 따뜻한 위로가 될 것이다.

추가로, 책 쓰기를 통해 시니어들이 얻게 되는 또 다른 이점은 바로 내면의 성장이란 점이다. 책을 쓰다 보면 내가 몰랐던 나의 모습을 발견할 수 있다. 글로 표현하는 과정에서 나의 감정과 생각이 정리되고, 새로운 관점으로 나를 바라볼 수 있게 된다. 이는 단순한 글쓰기가 아니라, 자신을 새롭게 만들어가는 과정이다.

책을 쓰는 일은 새로운 출발을 의미한다. 나의 이야기를 세상에 전하고, 또 다른 도전을 시작하는 것이다. 시니어라 해서 새로운 도전이 두렵지 않다. 오히려 새로운 이야기를 쓸 기회가 열린 것이다. 지금까지 해보지 않았던 새로운 경험, 새로운 사람과 만남도 글쓰기의 소재가 될 수 있다.

그러니 용기를 내어 시작해 보라. 당신의 작은 나눔이 세상을 변화시키듯, 당신의 글도 세상에 큰 울림을 줄 것이다. 당신의 인생이 누군가에게는 삶의 빛이 될 수 있다. 인생 도전은 누구나 시작할 수 있다. 용기만 있다면 말이다.

향후 40년간 인생 도전을 할 수 있다

하루에 6시를 두 번 만나는 사람이 세상을 지배한다. 애플의 CEO는 4시 30분에 일어나고, 스타벅스의 회장도 4시 30분에 기상한다. 아침 6시를 두 번 만나지 않으면 세상을 이해할 수 없다. 하루를 두 번 맞이하지 않으면 해가 떠오르는 순간도, 해가 지는 순간도 제대로 볼 수 없다. 해가 올라오는 순간을 보지 못한다면, 해가 지는 감동적인 순간도 놓치게 된다. 김승호 작가가 말한 이 내용은 하루를 두 번 맞이하는 사람만이 세상의 흐름을 정확히 읽을 수 있다는 메시지다.

필자가 40년간 책을 쓰겠다고 결심한 이유는 간단하다. 인생은 굉장히 신비롭다. 요리사, 가정주부, 목사, 사업가, 변호사, 봉사자 등 여러 역할을 해봤다. 나의 꿈을 찾기 위해 긴 시간을 투자했고,

그 과정에서 발견한 것이 바로 작가라는 직업이다. 작가가 되기로 결심한 이유는 단순하다. 평생 질리지 않고, 싫증나지 않을 직업이 었기 때문이다. 작가는 시니어가 되어도 정년퇴직 없이 평생 주인으로 살아갈 수 있는 직업이다. 전국을 돌아다니며 글을 쓰고, 자신이 원하는 곳에서 자유롭게 글을 쓸 수 있다. 세계 각국을 여행하며 쓸 수 있는 직업이 바로 작가다.

내가 꿈꿔왔던 삶의 형태를 발견했을 때, 나는 즉시 실천에 옮겼다. 과거의 모든 것을 비워내고 새 꿈을 채우기 시작했다. 과거를 비우자 새로운 꿈이 생겼고, 그 꿈은 '작가'로서의 삶이었다. 시니어인 당신도 꿈을 만들어 봐라. 사랑만이 설렘을 주는 것이 아니다. 꿈에도 설렘이 있다. 새로운 희망의 씨앗을 가슴 속 깊이 심어라. 당신의 가슴 갈비뼈 아래에 심은 꿈의 씨앗은 어느 순간 자라나 꽃을 피울 것이다.

노후의 삶에서 가장 먼저 버려야 할 것은 부정적인 마음이다. 죽는 날까지 가져갈 수 있는 재산은 사랑과 긍정뿐이다. 사랑과 용서가 삶을 더 아름답게 한다. 가족 간의 오해도 반드시 풀고 가라. 부정적인 마음을 버리고 긍정과 사랑으로 가득 찬 삶을 만들어라.

일본의 작가 오시만 주니치는 "우리 몸의 세포는 11개월마다 완전히 재생된다. 당신의 생각을 바꾸면 1년 만에 몸 상태를 새롭게 바꿀 수 있다"라고 말했다. 그대가 나를 용서하지 않아도 내가 그대를 용서할 때, 우리의 마음은 비로소 자유를 얻는다. 성경에서는 새것은 새 부대에, 헌것은 헌 부대에 담으라고 한다. 과거의 부정적인 감정을 버리고 새 마음으로 용서하라. 그렇게 할 때 새로운 생명의 세포가 탄생하고, 사랑이 마음속에서 자라기 시작한다.

세상에는 완성되지 않은 일들이 너무 많다. 사람들이 중간에 포기하고, 힘들다고 멈추는 일들이 너무 많다. 필자는 이러한 미완성된 일들을 찾아 마무리 지으려고 한다. 정신의 일도 마찬가지다. 정신적으로 미완성된 일들을 남겨두지 말고 완성해 보려 하라.

"행운의 열쇠는 바로 당신을 선택했다.
지금 여기가 그대 인생, 최고의 순간이다."

시니어가 되어도 아무 생각 없이 하루하루를 보내는 사람에게는 앞으로 나아갈 수 있는 전진이란 없다. 교육을 많이 받은 사람이라도, 생각하지 않으면 결국 아무것도 하지 않는 사람과 다를 바 없다. 매일 꾸준히 생각하고, 계획하고, 실천하는 사람만이 결국 자신이 원하는 삶을 만들어 갈 수 있다.

필자는 앞으로 40년간 책을 집필하겠다고 결심했다. 이를 위해서는 무엇을 해야 할까? 마음공부, 경제 공부, 가정 공부를 수십 년 동안 해왔다. 이제는 작가 공부를 하려고 한다. 세상은 빠르게 변화하고 있다. 작가도 변화의 흐름을 놓치지 않으려면 매일 공부해야 한다. 하루하루 작가로서 성장해야 한다. 하지만 이 과정에서 반드시 필요한 것이 있다. 바로 신체의 건강이다. 건강하지 못한 신체는 새로운 일을 거부한다. 건강한 정신도 신체가 뒷받침해 주지 않으면 아무 소용이 없다. 그러므로 작가로 사는 삶을 살기로 한 순간부터, 운동과 건강 관리도 함께 시작해야 한다.

필자도 작가로 사는 삶에 적응할 동안, 아르바이트하며 새로운 일에 도전했다. 준비되지 않은 근육은 적응을 거부했고, 결국 통증의원을 찾게 되었다. 시니어가 되면 나이 차이가 무섭게 느껴진다. 1년의 나이 차이가 건강과 체력에서 엄청난 차이를 만들어 낸다. 하지만 겪어보지 않은 사람은 모른다. 시니어가 되어야만 그 차이를 실감하게 된다. 결국 작가로서 건강한 삶을 유지하기 위해 운동을 꾸준히 해야겠다고 다짐하게 되었다.

시니어는 직장을 가진 사람이라도 정년퇴직을 맞이한다. 이후 새로운 직업을 찾아야 한다. 그 과정에서 가장 먼저 버려야 할 것이 무엇인가? 바로 나쁜 습관들이다. 오래된 습관, 잘못된 고정관념을 과감히 버려라. 그래야 새로운 길이 보인다.

　김병완 작가는 도서관이 만든 인간이다. 그는 1만 권의 책을 읽으며 독서 신이 되었다. 그러나 그는 거기서 멈추지 않고, 책을 읽고 글을 쓰면서 새로운 삶을 만들어갔다. 무엇이든 읽는 것으로 끝내지 마라. 읽고 실천하고, 나만의 방식으로 창조해 내라. 당신도 할 수 있다. 무엇이든 시작하라. 상상만으로는 평생 그 자리에서 벗어날 수 없다. 필자도 생각만 하다가 세월을 보냈다. 그러나 이제는 행동하고 있다. 성경 안에서만 머물던 나의 삶을 성경 밖으로 끌어내 자유를 찾았다. 나이도, 장소도, 환경도 더 이상 나를 묶어둘 수 없다.

　63세에 작가로 사는 삶을 시작했다. 누군가는 너무 늦었다고 말할 수 있다. 하지만 중요한 것은 지금 시작했느냐이다. 지금, 이 순간이 당신 인생의 최고의 순간이다. 지금부터 40년간, 인생을 바꾸고 세상을 변화시킬 수 있는 글을 쓰겠다고 다짐했다. 그것이 나의 새로운 삶의 방향이다. 당신도 새로운 도전을 시작해 보라. 나이가 중요한 것이 아니다. 지금 이 순간, 당신이 하고자 하는 그 결심이 중요하다.

　책 쓰기는 단순히 나의 이야기를 남기는 것이 아니다. 그것은 내 삶의 가치를 후대에 전하는 것이다. 시니어가 작가가 된다는 것은 인생의 새로운 막을 열어젖히는 것이다. 인생 2막을 넘어 3막, 4막까지 이어질 수 있는 길이 바로 작가로서의 삶이다. 젊은 시절의 열정과 지혜를 담아내고, 나의 삶을 반추하며, 세상을 바꿀 수 있는 글을 쓰는 것이다.

세상은 빠르게 변화한다. 시니어도 그 변화의 흐름에 발맞추어 나가야 한다. 새로운 도전에 도전하라. 나이가 무슨 상관인가? 당신이 꿈꾸던 삶을 지금 시작하라. 하루의 6시를 두 번 만나며, 매일 아침을 새롭게 열어보라. 그러면 인생의 어느 순간에서도 당신은 당당히 자신의 길을 걸어갈 수 있을 것이다.

정신 건강, 치매 예방에 좋다

정신 건강이란 무엇일까? 치매 예방에 도움이 되는 것은 무엇일까? 사람의 정신은 태어날 때 완전히 백지였을까, 아니면 어머니의 태교에서부터 시작된 걸까? 태아는 어머니의 감정과 느낌을 통해 세상을 처음으로 알게 된다. 정신은 무(無)에서 생성되어, 태교 때부터 우리의 정신 저장소에 기록된다. 그리고 이 저장소에는 수십 년 동안 다양한 경험, 생각, 감정들이 축적된다. 그러나 정신은 수동적이다. 채워지기만 할 뿐, 스스로 정리하고 비우지 않는다. 그렇게 쌓여온 수많은 기억과 감정들은, 결국 정신의 과부하를 일으키고, 이로 인해 치매와 같은 질환이 찾아온다.

정신이 과부하 상태에 도달하면, 알츠하이머병과 같은 질환이 발생할 위험이 커진다. 알츠하이머병은 1977년에 정신 의학자들이 노인층에서 특히 많이 나타나는 병으로 정의했다. 세계 인구의 고령화가 이 병의 주요 원인으로 손꼽히며, 예방하기 위해서는 우리 스스로의 습관을 개선해야 한다. 수십 년간 무의식적으로 반복해 온 나쁜 습관들을 과감히 바꾸기는 쉽지 않지만, 반드시 해야 할 일이다. 오래된 습관을 고쳐나가면 정신은 새로운 에너지를 받아들이게 되고, 건강한 정신을 유지할 수 있다. 시니어의 정신 건강에 도움이 되기 위해서는, 습관을 점검하고 고립된 생활에서 벗어나 활기찬 일상을 만들어야 한다.

시니어인 당신, 매일 자신의 정신을 체크해라. 매일 24시간은 눈 깜짝할 사이 지나간다. 당신은 그 소중한 시간을 어떻게 사용하고 있는가? 매일 반복하는 일들이 당신에게 정말로 가치 있는 일인가? 정신 건강에 도움이 되는 일인가? 하루 3번, 밥 먹듯이 자신을 점검해보아라. 매일 똑같은 일만 반복한다면, 당신의 정신은 성장할 수 없다. 시니어의 삶도 매일 새로운 성장의 과정을 통해 더 건강해질 수 있다. 새로운 것에 도전하고, 배우고, 경험하는 일은 정신의 건강을 유지하고 치매를 예방하는 데 도움이 된다.

정신이 건강해지면, 삶에 대한 희망과 설렘이 생겨난다. 설렘은 사랑의 시작이다. 사랑은 정신의 활력이자 생명력이다. 새로운 생각이 떠오르고, 그 생각을 실천하고자 하는 동력이 생기기 때문이다. 그러나 주변 환경이나 이웃의 영향으로 나쁜 습관을 들이지 마라. 그리고 늘 자신을 체크해라. 시니어가 되었더라도 당신은 여전히 가치 있는 존재이며, 가정과 가족관계에서 자유로워져야 한다. 이제는 당신 자신을 중심으로, 자신을 주인공으로 삼아 삶을 살아가야 할 때이다.

하루에 단 1~4시간이면 족하다. 그 시간만이라도 자신을 위한 시간을 확보하라. 이 시간을 통해 당신의 정신 건강을 보살피고, 책을 읽어라. 새로운 지식과 감정이 당신의 정신에 신선한 자극을 줄 것이다. 이제는 가족을 위해 살기보다, 나를 위해 살기 시작해야 한다. 평생 가족을 위해 헌신했다면, 지금부터는 나 자신을 위한 삶을 계획하라. 책을 읽고, 힐링 활동을 하고, 자신의 마음을 돌보아라. 그것이 곧 치매 예방의 시작이며, 정신 건강을 유지하는 방법이다.

당신의 삶이 가족을 위해 존재했다면, 이제는 자신을 위한 삶을 살아야 한다. 자신의 정신 건강을 위해 필요한 에너지를 스스로 채워라. 그것은 바로 독서와 자아 성찰이다. 마음의 소통과 정신의 교환을 통해 자신을 가꿔라. 새로운 시작을 하려면, 먼저 비우고 채우는 연습이 필요하다. 수십 년 동안 가족과 직장을 위해 살아왔다면, 이제는 나 자신을 위해 헌신할 시간이다. 당신이 건강해야,

당신의 가족도 행복해진다.

우리 신체는 단 1평의 공간밖에 되지 않는다. 이런 자신을 한 번 돌아보았는가? 우리는 종종 남을 위해 살며 자신을 잃어버린다. 무언가를 이루고 싶었으나 그 꿈은 희미해지고, 원하는 것이 무엇인지도 모른 채 살아가고 있다. 지금까지 자신에게 무얼 해주어야 최고로 만족할지 한 번이라도 진지하게 생각해 본 적이 있는가?

사랑하는 가족을 위해 수십 년간 헌신하며 살았다. 하지만, 당신 자신을 위해 얼마나 애썼던가? 아마도 누군가를 위해 살다가 자신이 무엇을 원했는지조차 잊어버렸을 것이다. 자신의 꿈이 무엇인지조차 모른 채, 자식과 배우자를 위해 살아왔다면, 이제는 나의 소망을 찾아야 할 때이다. 당신이 정말로 원하는 것은 무엇인가? 수많은 시니어들이 "자식이 잘되었으면 좋겠어요.", "남편이나 아내가 잘되었으면 좋겠어요."라고 답한다. 그러나 그들은 정작 자신이 무엇을 원하는지는 알지 못한다.

당신의 잃어버린 꿈과 소망을 찾아라. 나를 위해 살아갈 삶을 다시 시작하라. 책 읽기와 글쓰기, 나를 위한 일기 쓰기와 같은 습관을 만들어라. 시니어가 된 지금, 내 삶을 기록하고, 내 생각을 정리하고, 나를 위한 글을 써보아라. 왜 자신을 위해 그런 일을 해야 하

느냐고 묻지 마라. 그동안 가족을 위해 모든 것을 바쳤다면, 이제
는 내가 나를 돌봐야 할 때이다. 시니어인 당신이, 나의 보상을 가
족에게서 찾으려 해서는 안 된다. 인생의 흐름은 마치 강물처럼 아
래로 흐른다. 사랑도 마찬가지다. 부모의 사랑은 자식에게 흘러가
지만, 그 반대는 어렵다. 자식이 내게 사랑을 보답해주기를 기대하
지 말고, 자식이 잘살고 있는 것만으로도 고마워하라.

시니어인 당신, 자신의 만족을 스스로 채워라. 지금 당신에게 가
장 필요한 것은 나 자신을 최우선으로 대접하는 것이다. 정신 건강
과 치매 예방은 언제나 이웃과도 같다. 시니어의 건강한 정신은 자
기 자신과의 화해에서 비롯된다. 가족에게서 받지 못하는 관심과
사랑을 자신에게 베풀어라. 자신의 정신건강을 관리하고, 긍정적
인 자아를 확립하는 것이 중요하다.

치매는 가장 가까운 가족의 무관심 때문에 시작되기도 한다. 가
족의 무관심이 당신에게 상처가 되기 전에, 스스로 마음을 접고,
나 자신에게 집중하라. 내가 나를 돌보지 않는다면, 아무도 나를
돌봐줄 수 없다. 가족에게 받은 사랑에 감사하고, 나 또한 나를 위
해 사랑을 베풀어야 한다. 주었던 것을 되돌려 받으려 하지 마라.
큰 것이든 작은 것이든, 상대방의 정성을 소중하게 받아들여라. 그
것이 정신 건강의 출발점이다.

정신 건강은 내 자신의 선택과 관리에 달려있다. 이제 시니어인 당신은, 다시는 남의 기대에 자신을 맞추려 하지 말고, 나 자신을 위해 삶을 채워 나가라. 매일매일 새로운 것을 배우고, 책을 읽으며, 자신을 스스로 채워 나가는 습관을 만들어라. 그것이 당신의 새로운 인생, 새로운 여정의 시작이다.

시니어가 책을 쓰는 것은 단순히 취미를 넘어, 정신 건강을 돌보고 치매를 예방하는 가장 훌륭한 방법이다. 정신은 지속적인 자극이 있어야 한다. 매일 같은 일을 반복하고, 새로운 도전 없이 무의미한 시간을 보낸다면, 우리 정신은 금방 지루함에 빠지고, 결국 무기력해지기 마련이다. 그렇기에 시니어가 책을 쓰는 것은 그 무엇보다도 가치 있고 의미 있는 행위다. 책을 쓰는 과정에서 새로운 것을 배우고, 과거를 돌아보며 자신을 성찰할 수 있기 때문이다.

사람은 태어날 때부터 이야기를 담고 있다. 그 이야기는 생애의 경험과 기억으로 채워지고, 인생의 세월이 흐르면서 더욱 깊어진다. 그러나 그러한 경험과 기억이 아무리 훌륭하다 해도 그것이 단순히 머릿속에만 남아 있다면 결국 잊히고 만다. 그동안 수많은 사람을 만나고, 수많은 일을 겪으며 쌓아온 당신의 삶은 마치 소중한 보물과도 같다. 이 보물을 머릿속에만 고이 간직하지 말고, 글로 표현해보자.

글을 쓰는 것은 단순히 펜을 들어 몇 마디를 적는 것이 아니다. 과거를 돌아보고, 현재를 마주하며, 미래를 그리는 일이다. 책을 쓰기 시작하면 자연스럽게 내면과 소통하게 되고, 자신을 객관적으로 바라볼 수 있는 시야가 생긴다. 기억을 떠올리며 이야기를 풀어낼 때, 우리 뇌는 마치 체조를 하듯 활발하게 움직인다. 과거의 감정, 현재의 생각, 미래의 바람이 글 속에서 만날 때, 정신은 그 어느 때보다도 깨어있고 생생한 상태가 된다. 이런 활동은 정신의 저장소에 쌓여 있는 과거의 잔재들을 정리하고, 새롭고 활기찬 기억들로 채워지게 만든다.

정신 건강을 유지하고 치매를 예방하기 위해서도 글쓰기는 필수적이다. 시니어가 매일같이 새로운 글을 쓰며 정신을 움직이면, 뇌는 끊임없이 자극을 받으며 새로운 신경세포를 만들어 낸다. 기억과 경험을 단순히 머릿속에 보관하는 것이 아니라, 글로 표현하고 정리하면 머릿속에 혼재된 정보들이 질서 있게 정돈된다. 이를 통해 우리는 더 명확한 사고를 할 수 있게 되고, 정신의 혼란이 줄어들며, 마음의 평안함을 얻게 된다.

글쓰기는 또한 나의 감정을 정리하고, 그 감정을 건강하게 표현할 수 있는 도구가 된다. 나를 화나게 했던 사건, 슬프게 했던 기억, 기쁘게 했던 순간들을 글로 풀어내면서, 우리는 무거운 감정을 내려놓고, 평온함을 되찾는다. 감정을 글로 표현하는 행위는 일종의 감정 해소의 과정이다. 이 과정을 통해 마음의 짐을 덜어내고, 새로운 감정이 들어설 자리를 마련해준다.

치매를 예방하는 데도 글쓰기의 효과는 탁월하다. 치매는 단순히 기억을 잃는 것이 아니라, 그동안 경험해온 인생의 서사를 잃어버리는 것이다. 시니어가 책을 쓰는 것은 단순히 기억을 보존하는 것이 아니라, 자신의 인생을 기록하고 의미를 부여하는 일이다. 책을 쓸 때, 우리는 그동안 잊고 지냈던 세밀한 기억들까지 떠올리며, 그 속에서 새로운 감정과 통찰을 발견하게 된다. 이러한 과정은 치매를 예방하고, 인생의 의미를 되새기게 한다.

시니어의 글쓰기는 정신과의 대화다. 책을 쓰는 동안 시니어는 자신을 다시 한번 마주하게 된다. "내가 정말로 원했던 것은 무엇일까?", "내가 살아온 삶의 의미는 무엇일까?", "앞으로 남은 삶에서 내가 해야 할 일은 무엇일까?"와 같은 질문들을 자신에게 던지고, 답을 찾아가며 더 깊이 있는 성찰의 시간을 가지게 된다. 이것이야말로 정신을 건강하게 유지하는 비결이다. 자신의 이야기를 글로 풀어내며, 자신의 삶을 재발견하고, 그 과정에서 더 풍성한 삶을 살아갈 수 있다.

글을 쓰는 시니어는 더 이상 남에게 의존하지 않는다. 글은 나 자신을 위해 쓰는 것이며, 그것이 나를 치유하고 성장시킨다. 책을 쓰면서 얻는 성취감과 만족감은 그 무엇과도 비교할 수 없다. 한 줄 한 줄 적어 내려갈 때마다 우리의 정신은 활기를 되찾고, 더 넓은 세상을 향해 나아간다. 치매와 같은 질병은 고립된 정신 속에서 자라난다. 그러나 글쓰기를 통해 세상과 소통하고, 나의 내면과 대화할 때, 우리는 더 강하고 건강한 정신을 유지할 수 있다.

시니어가 책을 쓰는 것은 삶의 의미를 재정립하고, 자신을 위한 새로운 미래를 열어가는 일이다. 이 작업은 단순한 글쓰기를 넘어, 정신의 새로운 길을 닦고, 삶을 더욱 빛나게 만드는 과정이다. 글쓰기를 통해 당신의 이야기를 세상에 남겨라. 그것이 당신의 정신을 건강하게 하고, 치매를 멀리하는 최고의 예방책이 될 것이다.

책을 쓰는 순간, 시니어인 당신은 더 이상 나이가 아닌, 경험과 지혜로 빛나는 작가가 된다. 당신의 정신이 깨어있는 동안, 그리고 그 깨어남이 글로 표현될 때, 당신은 누구보다도 자유롭고, 건강한 삶을 살아갈 수 있을 것이다. 인생의 마지막 순간까지, 펜을 들어 글을 쓰고, 자신의 이야기를 완성해라. 그것이야말로 진정한 삶의 가치이며, 진정한 정신 건강의 비결이다.

작지만 세상을 변화시킨다

어느 한 곳에서 일어난 작은 나비의 날갯짓이 뉴욕에 태풍을 일으킬 수 있다는 이론이 있다. 이것이 바로 '나비 효과'라고 불리는 이론이다. 미국의 기상학자 로렌츠(Lorenz, E. N.)가 사용한 용어로, 초기의 사소한 변화가 전체에 막대한 영향을 미칠 수 있음을 의미한다. 사람은 무에서 유를 창조하는 존재다. 인생의 모든 순간이 처음이기 때문에, 학벌이 있다고 자랑할 필요가 없다. 나이가 40세를 넘어서면 세상은 우리가 모르는 것들로 가득 차 있다. 매일 새로운 것을 배우지 않으면 우리는 뒤처지고, 결국 시대에 뒤떨어진 삶을 살게 된다.

자수성가하여 재벌가가 된 김승호 회장은 이렇게 말했다. "사람이 일하는 이유는 먹고살기 위해서만이 아니다. 지금까지 살아온 자신의 삶을 끊임없이 재탄생시키고, 자연의 이치처럼 주기적으로 관리하고 발전시켜야 한다. 마치 들판에 피어나는 생물처럼, 사람도 자기의 삶의 기준과 패턴을 꾸준히 이어가야 한다. 돈과 재산도 마찬가지로, 흐름을 놓치지 않고 돈이 일하게 관리해줘야 한다."

매일 쉬지 않고 변함없이 일하라. 농작물을 심으면 자연이 수고한 만큼 대가를 주고, 사람이 노동을 하면 노동한 만큼의 대가를 얻는다. 돈도 마찬가지다. 돈이 만들어지는 프로그램을 짜고, 능력 있는 만큼 돈이 돌아오게 하라. 많은 돈을 벌려면 많은 시간과 노력을 투자해야 한다. 그러나 긴 시간 노동을 하다 보면 몸이 지쳐서 일에 싫증나게 되고, 결국 힘든 몸은 아파서 드러눕게 된다. 그러니 돈이 적더라도 일에 질리지 않게 꾸준히, 쉬지 않고 오래 일하라. 그렇게 하면 연차수당도 받고 상여금도 받으며, 오랜 시간 일을 해도 지치지 않을 수 있다.

돈의 수익 구조는 다양하다. 누구나 많은 이자를 받고 싶어 한다. 적게 투자하고 많은 이자를 얻고 싶겠지만, 그런 돈은 보통 원금까지 잃게 된다. 그래서 원금을 잃지 않고 작은 수익이라도 꾸준히 챙기는 것이 좋다. 필자가 아는 K라는 사람이 있었다. 그는 젊었을 때 돈을 빌려주고는 1개월 동안 굶은 적이 있다고 했다. 그때 K가 해준 말이 있다. "돈을 빌려줄 때나 투자할 때는, 원금을 받

지 못할 때를 생각하고 빌려주거나 투자해야 한다." 그 후로 40년
간 필자는 원금이 내 손에 들어와야만 내 돈이라 생각했다. 집 밖
에 있는 돈, 내 통장을 떠난 돈은 통장으로 다시 들어오기 전까지
는 내 돈이 아니라고 여겼다. 그래서 필자는 집착하지 않았다.

　돈을 벌려면, 노동을 하거나 돈이 벌리는 위치에 가서 그 흐름
속에 몸을 맡기고 일을 해야 한다. 그러나 운은 어떻게 벌 수 있을
까? 운은 선한 마음으로 일할 때, 상대의 관점에서 도와줄 때 만들
어진다. 그러니 스스로 선한 일을 찾아라.

　부모가 자식이 원하는 것을 해주고 싶어도, 부모는 자식이 원하
는 모든 것을 해줄 수 없다. 그러나 형제자매는 부모가 말하지 않
아도 그들이 원하는 것이 무엇인지 알고, 자발적으로 부모의 심정
을 이해하고 도와주어야 한다. 요즘은 사람의 심리가 오염되어 마
음이 가는 일이 있어도 외면하기 마련이다. 마음이 오가면서 상대
가 무엇을 원하는지 알면서도 외면하는 사람이 형제자매나 부모
사이에서도 흔하다.

　필자는 수십 년간 교회를 찾아가 하나님과 예수님이라면 이럴
때 어떻게 하셨을까를 생각하며, '예수처럼' 일해야지 하며 '노방
전도', '노방상담'을 스스로 찾아서 해왔다. 앞만 보고 오직 봉사만

하며 수십 년간 일했다. 선한 일을 하고, 스스로 주인이 되어 일하는 것이 가장 좋다. 나는 학벌도 좋지 않다. 그러나 작은 한 사람의 선한 영향력은 수십 명, 수백 명에게 도움을 줄 수 있다. 이웃이 필요로 하는 것을 해줄 수 있는 것이라면, 1대 1로라도 도움을 주어라.

돈을 내가 나누어 주면, 내 이름으로 상대에게 주는 것이다. 그래서 운이 들어오거나 돈이 들어올 때, 그것은 나의 이름으로 들어오게 된다. 마음이 감동할 때가 있는가? 사람에게는 예감, 직감, 영감 같은 영혼의 느낌이 있다. 누가 시키지 않아도 자기가 하지 않으면 안 될 것 같은 느낌, 그것이 신이 당신에게 일을 해달라는 뜻이다. 그런 일을 자주 하면, 스스로 운을 벌게 된다.

그러나 이 모든 것이 나를 위한 일은 아니다. 상대를 위해 일해주라는 뜻이다. 때로는 양보하고 참아주면 작은 보답으로 큰 운을 받을 수 있다. 신에게 쓰임 받는 자가 돼라. 나는 수십 년을 노동하면서 봉사해왔다. 나의 작은 소망은 65세에 시니어 작가가 되어 봉사자로 살아가는 것이다. 앞으로 40년간 글을 쓰며 봉사하고자 한다. 봉사해도 돈이 생기지 않지만, 행실의 대가는 재산이 된다. 언젠가 봉사자가 어려움을 당할 때 간절히 소원한다면, 우선순위로 당신의 문제가 해결될 것이다.

수십 년간 봉사활동을 하면서 돈의 유혹도 많이 받았지만, 늘 거절했다. 내가 원할 때만 돈을 받기로 했다. 55세에 공무원으로 정년퇴직을 맞았다. 필자의 나이 55세, 그때 나도 이제 정년퇴직을 하고 퇴직금과 연금을 받으리라 생각했다. 그러나 노후에 혼자 하는 1인 직업을 찾아보니 평생 질리지 않는 직업을 찾기가 쉽지 않았다. 나는 수년간 고민 끝에 작가의 길을 선택했다.

매일 정해진 시간에 1,000권의 책을 읽었다. 책에서 많은 것을 배웠고, 결국 책을 쓰는 작가가 되기로 결심했다. 작가의 삶은 내 인생 최고의 선택이었다. 인생은 짧고, 그 안에 담을 수 있는 이야기들은 무한하다. 그러니 시니어가 되어서도 새로운 것을 배우고, 나의 삶을 글로 풀어내는 작가가 되어보라.

이제 나의 이야기가 세상과 소통하고, 세상의 수많은 사람에게 선한 영향력을 미치기를 기대한다. 누구나 인생의 어느 시점에서나 작가가 될 수 있다. 그것이 바로 우리 삶을 새롭게 하고, 운을 부르는 길이다.

인생 내공을 만든다

~~~~~~

책 쓰기와 같이 인생 도전은 인생 내공을 만든다. '크게 생각하라' 그러면 당신은 더 큰 삶을 살게 될 것이다. 그것은 바로 행복, 성취, 수입, 친구, 존경 등 모든 것이 더욱 커지는 삶을 말한다. 이 정도라면 기대해 볼 만하지 않은가. 지금 당장 시작해라. 당신의 생각이 인생에 마술을 일으키는 방법을 발견해야 한다. 위대한 철학자 디즈레일리의 명언을 떠올려보자. "삶은 시시하게 살기엔 너무 짧다."

작가의 글은 쓰는 의도와 목적이 있다. 그러나 독자는 자신이 듣고 싶은 것, 읽고 싶은 것, 받아들이고 싶은 것을 흡수하며, 다양한 사고와 느낌으로 이해하게 된다. 왜 그럴까? 작가가 책을 쓸 때 의도한 바와 독자가 받아들이는 방식이 다르기 때문이다. 결국 작가는 자신의 경험과 생각을 글로 남기고, 독자는 그 글을 읽으며 자신만의 해석을 얻게 된다. 글을 쓰는 자와 읽는 자의 사고가 다를 수 있지만, 결국 그 글은 독자의 마음속에 자신의 방식으로 자리하게 된다.

필자는 내적인 일과 외적인 일, 두 가지의 직업을 가져왔다. 첫 번째는 요리사로, 두 번째는 하나님을 돕는 자원봉사자로 일해왔다. 외적인 직업으로는 30년간 요리와 사업을 했고, 63세에 새로운 직업으로 전환하기로 결심했다. 그 새로운 직업은 바로 '작가'다. 요리사는 요리에 필요한 재료들을 준비하여 한 접시의 요리를 만들어낸다. 작가도 이와 비슷하다. 작가가 책을 쓰기 위해서는 여러 작가가 쓴 글을 읽고, 글감을 모으고, 그것을 자기의 생각과 소통하여 새로운 글감으로 창조해 내야 한다. 그렇게 만들어진 것이 바로 책이다.

책을 읽고, 좋은 글감을 모으는 것은 글쓰기의 재료이자 도구이다. 주제와 목차를 정할 때 필요한 재료로 쓰이며, 작가의 삶을 더욱 풍부하게 만들어 줄 자료이기도 하다. 마치 산꼭대기에서부터 흐르는 물이 골짜기를 지나 큰 바다로 내려가듯, 초기 작가도 작은 곳에서부터 시작해 큰 바다에 합류하듯 성장의 길을 걷게 된다. 한 걸음 한 걸음 가다 보면, 어느새 정상에 올라서 있을 것이다.

한 권의 책을 쓰기 위해서 보통 수십 권에서 수백 권의 책을 읽는다. 책을 쓰기 위해 주제와 목차를 조합해서 구상하고, 목차 구성을 거쳐서 책을 써야 한다. 그런데 필자는 책을 쓰기 위해, 1,000권을 읽었다. 그 이유는 무엇일까? 사실 45년간 종교 생활을 하면서 모든 언어 표현이 성경 언어로 고착되어 있었다. 그러나 각종 책을 읽다 보니, 현대의 표현력을 따라갈 수 있게 되었다. 나아가 시니어나 어린 학생들도 쉽게 읽을 수 있도록, 누구나 이해할 수 있는 언어로 책을 쓰기로 했다. 초등학생부터 100세까지 모든 독자가 읽고 스스로 변화의 길을 찾기를 바라는 마음으로 작가의 삶을 선택한 것이다.

작가도 요리사와 비슷하다고 생각한다. 책 쓰기도 맛있는 요리처럼 흡입력 있고, 읽기 쉽게, 간결하게, 감정의 맛과 감성의 맛, 느낌 있는 맛, 맑은 맛, 명확하고 빛나는 맛으로 독자의 심리를 붙들어야 한다. 독특한 맛을 내기 위해서는 재료 자체를 잘 골라야 한다. 식품 '오미자'처럼 글감도 다양한 맛을 표현할 수 있는 재료를 골라야 한다. 오미자는 단맛, 신맛, 쓴맛, 짠맛, 매운맛까지 다섯 가지 맛을 가지고 있다. 이처럼 글감도 여러 가지 맛을 표현할 수 있어야 한다.

사람도 여러 직업과 재능을 갖춘 특별한 사람이 있다. 책을 쓸 때도 주재료와 부재료가 잘 조합되어야 한다. 글의 내용이 별것 아닌 것처럼 보이더라도 깊은 감동을 주는 경우가 있다. 이런 경우는 글 쓰는 자의 심령이 담긴, 혼이 담긴 글의 힘이다. 오직 독자가 찾고 싶은 글맛을 찾는 것이 최고의 맛이고, 최고의 기술이다. 작가의 글맛과 독자가 찾는 마음의 맛이 서로 만나 소통할 때, 글은 상승작용을 일으키며 독자의 에너지를 높여준다. 이러한 느낌을 독자가 글을 읽고 감지하고 전율을 느꼈다면, 그것은 당신의 속사람이 그 글에 감명을 받았다는 것이다.

책을 쓰는 일은 인생의 내공을 쌓아가는 것이다. 많은 이들이 '크게 생각하라'라고 말한다. 그러면 당신은 더 큰 삶을 살게 될 것이다. 이것은 행복, 성취, 수입, 친구, 존경 등 모든 것이 더욱 커지는 삶을 뜻한다. 당신의 인생에 마술 같은 변화가 일어나길 원한다면, 지금 당장 시작해라. 당신이 생각하는 대로 삶은 변하게 되어 있다.

작가로 사는 삶을 살면서 나는 많은 깨달음을 얻었다. '작가는 어떻게 하면 독자와 더 깊이 소통할 수 있을까?'라는 고민을 늘 하게 된다. 글은 단순한 정보 전달이 아니다. 그것은 독자와의 교감이며, 서로의 감정을 주고받는 도구이다. 좋은 글은 독자의 마음을 움직이고, 삶의 방향을 바꿀 수도 있다. 그러므로 책을 쓴다는 것은 단순히 글을 쓰는 것이 아니다. 그것은 인생의 경험과 철학을 담아내는 작업이다.

책을 읽고, 쓰는 일은 우리의 내면을 풍요롭게 만든다. 책을 통해 우리는 세상과 소통하고, 또 자신을 성찰하게 된다. 글을 쓰다 보면 과거의 나와 현재의 내가 대화하게 되고, 미래의 내가 꿈꾸는 모습을 상상하게 된다. 그것이 바로 글쓰기의 힘이다.

작가의 길을 걷겠다고 결심한 당신이라면, 지금 당장 시작해라. 인생의 내공을 쌓는 데 필요한 것은 특별한 재능이 아니다. 그것은 성실함과 꾸준함이다. 하루하루 글을 쓰면서 내공을 쌓아가는 것이다. 그렇게 쌓아 올린 내공은 당신의 인생을 더 깊고, 더 넓고, 더 풍성하게 만들어 줄 것이다.

삶이 시시하게 흘러가도록 두지 마라. 인생은 충분히 크고, 아주 풍요롭게 살 자격이 있다. 글을 통해 당신의 인생을 더 크고, 더 깊고, 더 아름답게 만들어가길 바란다. 그것이 작가가 되기로 한 당신의 결심을 가장 잘 실현하는 길이 될 것이다.

마음을 풍요롭게 할 수 있다

책은 마음의 영양을 채워주는 것이다. 책을 고를 때는 마치 요리사가 재료를 고르듯 신중해야 한다. 신선한 재료, 무공해 재료, 즉석에서 요리할 수 있는 재료, 살아 있는 재료를 찾아야 한다. 마치 화력이 높은 불로 겉은 바싹하게 익히고, 속은 촉촉하게 살아 있는 맛을 내는 요리처럼, 책도 겉은 읽히기 쉬워야 하고, 속은 깊이 있게 여운이 남아야 한다. 때로는 낮은 불에서 은은히 오래 끓여낸 곰탕처럼, 천천히 곱씹으며 읽을수록 진한 맛을 내는 책이 필요하다.

똑같은 재료를 가지고도 요리사의 손길에 따라 요리의 맛은 천차만별로 달라진다. 이는 요리사의 마음가짐과 불의 온도 차이 때문이다. 책도 마찬가지다. 작가의 마음과 심리, 그리고 글을 담아내는 온도에 따라 독자가 느끼는 글맛이 달라진다. 작가에게는 표현의 자유가 있다. 그 자유를 통해 독자가 원하는 맛, 독자가 갈망하는 맛을 만들어 내는 것이 작가의 몫이다.

많은 사람은 희망 뒤에 감춰진 고통을 깨닫지 못한 채 살아간다. 희망 뒤에 고문이 숨어 있는지도 모른 채, 사랑 뒤에 희망을 바라고 축복을 기대하며 살아간다. 여성이면 누구나 사랑과 희망, 축복을 바란다. 하지만 그 속에는 자신의 의지와 상관없이 따라오는 희망 고문이 있다는 것을 인식하지 못한다. 필자는 65세가 되어서야 희망이 단순히 좋은 것만을 의미하지 않으며, 그 이면에 고통이 따라온다는 것을 깨달았다. 그제야 지나온 삶이 고문과 같은 희망에 대한 집착이었다는 것을 알게 되었다.

그러나 이제는 나쁜 언어를 좋은 언어로 바꾸어 쓰는 작가가 되기로 했다. 글은 영혼과 마음을 성장시키는 힘이 있어야 한다. 싫은 일을 매일 반복해야 할 때, 그 일을 견딜 수 있는 나만의 방법을 찾아야 한다. 예를 들어, 하고 싶지 않은 일을 할 때마다 스티커를 하나씩 붙이고, 한 달 동안의 성과를 보상해주는 '마음 사랑 대가 쿠폰'을 만들어 위로해보자. 당신의 마음을 즐겁게 해주고, 운명을 바꾸는 작은 시작이 될 것이다. 운명이 바뀐다.

'쿠폰 가격 정하기' 예를 들어 1회에 2천 원의 가치를 매긴다고 생각해보자. 하루에 10번 같은 일을 반복하면 2만 원, 한 달 20일 간 하면 40만 원이 된다. 1년에 480만 원, 3년이면 1,440만 원의 가치를 나에게 선물하는 것이다.

나의 가치는 내가 정한다. 내 몸값과 마음 값을 정할 권리는 나에게 있다. 봉사는 마음을 즐겁게 하고, 기쁨과 행복, 사랑의 근육을 단단하게 만들어 마음을 강하게 한다.

필자도 이러한 방법으로 수십 년간 봉사해왔다. 그리고 그 대가로 하늘이 나의 수고를 인정해주었다. 2년 후, 수십억 원을 벌 기회를 얻었고, 그것이 나의 봉사에 대한 보상이었다. 나의 수고를 돈으로 달라고 요청했기 때문이다. 많은 사람이 믿음이 부족하거나 자기 확신이 없어서 기다리지 못하고 축복의 기회를 놓친다. 하던 일을 중단하고, 축복이 오기 전에 떠나버린다. 그러나 축복은 번개처럼 홀연히 찾아와 소리 없이 사라진다. 준비된 사람만이 그 축복을 잡을 수 있다.

축복을 받는 것도 돈을 관리하는 능력이 있어야 한다. 축복의 기회가 찾아와도 그 기회를 잡지 못하고 도둑맞는 경우가 많다. 그래서 돈 관리 능력을 키워야 한다. 축복이 넘쳐날 때를 대비하여 준비하라. 누군가의 음모로 도둑맞지 않도록 주의하라. 주인이 자리를 비우는 순간, 도둑은 호시탐탐 기회를 엿보고 있다. 당신이 신에게 축복을 요청했다면, 그것을 지키고 관리할 준비도 해야 한다. 노동의 대가를, 수고의 대가를 당당하게 요청할 수 있어야 한다.

자신의 가치를 정하고, 주인처럼 진실하게 일하라. 시간과 비용 이상의 가치를 만들어 냈을 때, 최고의 대가가 지급된다. 일하다 중단된 것은 결코 온전한 보상을 받을 수 없다. 일이 시작되면 완성될 때까지 책임을 다하라. 신은 언제나 당신의 수고를 지켜보고 있다. 시작과 끝을 완벽하게 해내는 자에게 가장 큰 대가가 돌아온다.

봉사는 결코 쉬운 일이 아니다. 타인을 위해 재능을 기부하고, 그들이 성장할 수 있도록 돕는 일은 끝이 없다. 주어진 재능을 남을 위해 나눠줄 때는, 본인의 에너지가 충분할 때만 하라. 그렇지 않으면 자신을 상하게 할 뿐이다.

물에 빠진 사람을 구해 주러 갔다가 같이 죽는다. 신체적, 정신적으로 준비가 되었을 때만 타인을 돕는 일에 나서라. 내가 컨디션이 안 좋고 생활비도 부족한 '신용불량자'이거나 질병이 있는 사람이 누군가를 위해 재능기부나 봉사하러 가면 이와 같은 일을 당할 수 있다. 내가 건강할 때 상대를 도와주라.

세상에서 가장 소중한 것은 '나'다. 내가 나를 아끼고, 관리해야 한다. 건강하지 않은 상태에서 누군가를 돕겠다고 나서면 오히려 더 큰 어려움에 부닥칠 수 있다. 자신의 컨디션이 최상이 되었을 때, 그때 비로소 재능기부나 봉사를 실천해라. 그리고 당신의 신체가 살아 있을 때, 당신이 원하는 삶을 살아라. 누군가가 당신을 지배하지 못하도록 하라. 나의 인생은 내가 지배한다. 직장과 가족, 종교 생활 속에서 자신의 존재를 잃지 마라. 공유하고 나눌 수는 있지만, 나의 가치를 잊어서는 안 된다.

자신을 지배하고, 자신을 존중할 때 진정한 행복이 찾아온다. 봉사와 재능기부는 10%만 사용해라. 돈이 있는 사람은 돈으로 기부하고, 노동하는 사람은 노동시간 외의 일로 봉사하라. 가장 중요한 것은 당신의 정신과 신체가 건강해야 한다는 것이다. 그렇게 나 자신을 챙기고, 내 삶을 위해 최선을 다하는 것이 바로 진정한 삶의 성공이다.

인생 도전은 과거의 나에게서 벗어나게 해준다

나에게는 소중한 친구가 있다. 그는 나와 65년을 함께하며 언제나 나를 배려해주고, 내가 어떤 선택을 하든 늘 격려와 지지를 보내주었다. 그는 언제나 나의 기둥이 되어주었다. 그의 이름은 '현빈'이다. 그는 나를 65년간 묵묵히 돕고 곁을 지켜주었지만, 나는 그를 알아보지 못하고 오랜 시간 무관심하게 지냈다. 그러나 그는 결코 대가를 바라지 않았다. 오로지 주기만 했다. 내가 그를 제대로 알아차렸을 때, 내 나이는 어느덧 65세가 되어 있었다.

시니어가 되어, 나에게 맞는 일이나 직업이 무엇인지 고민하게 되었다. 마땅히 마음에 드는 일이 없어서 새로운 직업을 수년간 찾아 헤매었다. 40년 동안 일해도 질리지 않는 일, 하면 할수록 더욱 빛나고 신체에 제약 없이 내가 계속해나갈 수 있는 일이 무엇일까? 고민하고 힘들어할 때도, 그는 묵묵히 내가 스스로 결정을 내릴 때까지 응원하며 기다려주었다.

고민 끝에 나는 작가가 되기로 결심했다. 결심을 내렸을 때도 그는 내게 든든한 울타리가 되어주었다. "너는 할 수 있어. '너'니까." 그는 힘을 북돋아 주었다. "다른 작가들도 처음엔 너처럼 시작했어. 처음엔 다 그런 거야." 내가 확신이 서지 않아 망설이며 물어볼 때면 그는 "당연하지. 그래, 작가가 되자. 그런데 좋은 작가가 되려면 기존의 99%를 바꾸어야 해. 가능할까?" 나는 주저하며 물었다. 그는 "가능해. 맨 처음은 작고 소소한 것부터 시작해. 그러다 보면 점점 커질 거야"라고 말해주었다.

그의 격려를 듣고 결심했다. "그래, 작가가 되자!" 마음을 굳히고 "나는 작가다!"라고 외쳤다. 남들도 작가가 될 수 있다면, 나도 할 수 있다고 생각했다. 좋은 글을 쓰기 위해, 그리고 작가라는 직업을 완성하기 위해 나 자신을 바꾸는 데 시간을 투자하기로 했다. 나는 40년 동안 작가로 살겠다는 결심을 했다. 그리고 그는 "그게 좋을 거야"라며 다시 한번 나를 격려해주었다.

작가가 되기로 한 후, 나는 예전의 나를 벗어던졌다. 새로운 마음가짐으로 "1%의 시작으로 99%를 이루겠다"라는 신념을 가지고 내 삶에 깊이 심었다. "난 할 수 있다. 넌 할 수 있어." 나는 현빈에게 약속했다. 나와 너의 '강한 협력'과 '약속'을 바탕으로 나는 도전했다. 새로운 세상으로 '나'를 옮겨보자. 두려움도 있었지만, 어차피 나의 인생, 다시 한번 시작하고 도전하기로 했다.

시대의 흐름이 내 인생 65년을 변화시켰다. 물질세계의 변화뿐만 아니라, 생로병사의 생존과 관계의 삶에도 많은 변화가 일어났다. 항상 곁에 있었던 부모님도 사후세계로 떠난 지 여러 해가 지났다. 나의 인생도 영화처럼 많은 과정을 지나 시니어가 되었다. 이제는 노동일을 하기에는 너무 버거울뿐더러, 정신도 신체도 젊은이들처럼 감당하기 어렵다.

그럼에도 불구하고, 한때 나에게도 청춘이 있었음에 감사하다. 나는 청년 시절, 하루에 잠을 4시간만 자며 두 배로 일을 했다. 두 가지 일을 병행하며 바쁘게 살았다. 그 시절의 추억은 참으로 많다. 세월이 지나고 청년의 때는 지나갔지만, 그 시절의 사진은 남아 있다. 그것만으로도 충분하다. 사진을 보면 잃어버린 추억이 떠오르니까. 이제 내 청춘의 시대는 지나가고, 새로운 세대가 그 황금기를 살아가고 있다.

청년 시절, 가족과 함께 자영업을 하면서 공휴일마다 일이 잘됐다. 남들이 쉬는 날에는 더욱 사업이 잘되는 업종이었기 때문이다. 아이의 성장 시기와 학교 행사일 이 겹칠 때도, 나는 일을 해야만 했다. 자식이 학교에서 소풍 가는 날에도 예외는 없었다. 그래서 나는 자녀에게 공휴일에 쉬는 일을 가지게 해주고 싶었다. 주 5일 제를 누릴 수 있는 직업을 가질 수 있기를 바랐다. 나의 청년 시절, 30대 초반부터 품었던 소망이었다.

이제는 자녀가 공휴일에 쉬는 일을 하고 있다. 이것이 나의 작은 바람이었다. 부모가 시간을 많이 가져야 가족이 행복하고, 자녀 성장에도 도움이 된다. 부모는 자녀의 미래를 미리 준비한다. 부모가 자녀에게 물려주는 사랑이 꼭 돈이어야 할까? 여유가 된다면 돈을 남겨주고 싶지만, 돈이 없어도 자녀에게 더 나은 삶으로 갈아타게 해주는 방법은 분명히 있다.

이제 자녀는 40대 전후의 나이가 되었다. 결혼한 자녀는 부모가 되어, 자녀를 키우는 모습을 보며 나는 아주 고마운 마음이 든다. 부모는 자녀를 위해, 자녀는 부모를 위해 서로가 협력해야 더 나은 삶으로 나아갈 수 있다. 우리는 큰 것을 바라지 않는다. 작은 정성과 사랑이 서로를 성장시킨다. 당신도 나이에 상관없이, 마음이 시키는 일을 한 번 개척해보아라.

시니어는 나이를 핑계 삼아 새로운 것에 도전하지 않으려 한다. 당신이 지금 60대라면 앞으로 40년 동안 무엇을 하고 살 것인가? 60년간 살아온 삶의 이야기를 글로 남겨보아라. 책을 써보라. 당신의 인생 이야기를 책으로 정리하는 것, 그것은 인생을 총체적으로 돌아보며 정리하는 작업이다.

이제 당신의 청년 정신을 발휘해보라. 나이는 숫자에 불과하다. 신체가 노쇠해질수록 정신은 오히려 더 깊고 강해진다. 그러니, 그 지혜를 모아 인생의 이야기를 글로 정리해보아라. 필자도 노후에 꿈만 꾸었던 삶을 현실로 끄집어내 개척하고 있다. 당신도 할 수 있다. 누가 알아주지 않더라도 개의치 말라. 당신이 처음으로 시도했더라도, 당신은 그 일의 주인이다. 개척자다. 이것이 당신에게 주는 최고의 선물이다.

최고의 선물은 내가 나에게 주는 것이다. 평생을 함께 살아온 사람은 바로 당신 자신이다. 당신이 당신에게 최고의 대접을 해주고 힘을 실어주어라. 최고의 삶이란 무엇일까? 고착된 삶을 움직이게 하고 성장하게 하는 것이다. 일을 하면 할수록 더 좋아지고, 좋은 단계로 올라가는 삶이야말로 최고의 삶이다. 사람은 누구나 올라가는 것을 좋아한다. 내려가는 것을 싫어한다. 끝없이 성장하고 올라가고 싶은 마음은 누구에게나 있다.

나무도 그렇다. 한 번 심으면 계속해서 높이 자란다. 인간도 마찬가지다. 성장의 시기가 있다. 그 시기까지 최선을 다해 최고를 향해 나아가라. 성장이 멈춘 나무는 새로운 가지를 낸다. 인간도 그렇다. 인생은 끝없이 성장하고 변화를 추구해야 한다.

성장은 멈추면 죽음이다. 오래 멈추면 다시 일어서기 힘들다. 삶의 열기가 충만할 때, 미래를 준비해라. 지금 일을 하고 있을 때 열정이 식기 전에 다음 일을 시작해라. 몇 년을 쉬었다가 일을 하겠다는 생각은 버려라. 당신은 그렇게 멈추게 되고, 고착될 것이다. 삶이란 가속도가 붙어야 한다.

배우는 것도 일이다. 계속해서 움직여라. 계속해서 성장해 나아가라.

일하는 사람은 일을 멈추지 않는 한, 계속해서 성장의 가속도가 붙는다. 삶도 마찬가지다. 무언가를 시도하고 행동하는 동안 우리는 계속 발전해나간다. 일상적으로 하지 않던 것들을 해보면 자신을 성장시키는 새로운 경험이 된다. 예를 들어, 평소 먹어보지 않았던 음식을 먹어보거나 새로운 옷을 입어보고, 머리 스타일을 바꿔보는 것도 좋다. 평생 한 번도 해보지 않았던 것들을 시도하는 것은 특별한 기분과 느낌을 선사한다. 자신의 고집을 부려 외부와의 접촉을 피했던 사람들도 낯선 사람과의 소통이나 새로운 관계를 형성해보면 신기하고 재미있다는 것을 느끼게 된다.

나 또한 20대에 처음으로 머리를 50cm 넘게 길러보았다. 그 후로 긴 머리는 해본 적이 없었다. 바쁜 삶을 살다 보니 신체를 돌볼 여유조차 없었다. 시니어가 된 후, 수년간 직장에서 일하면서 여름에는 더워서 머리를 올려 묶어야 했고, 겨울에는 추워서 머리를 풀어 목을 따뜻하게 감싸야 했다. 그러다 결국 직장을 그만두고 나서야 머리를 자르게 되었다. 우연히 시작된 머리 기르기는, 어느새 내 삶의 일부분이 되었다. 청년 시절에는 단순히 멋 내기 위한 긴 머리였다.

그러나 지금의 나에게 긴 머리는 단순한 멋이 아니다. 오랜 친구와도 같다. 여름과 겨울, 기나긴 세월을 함께한 소중한 존재로, 어느새 내 곁에 있는 한 지체가 되었다. 요즘에는 가끔 머리카락을 위해 신경도 써주고, 영양도 공급해 준다. 내가 직접 관리해주면서, 머리카락은 점점 나와 친해졌고, 이제는 쉽게 자를 수 없는 사이가 되었다.

머리카락은 내게 '귀찮다기'보다 마치 애완동물처럼 느껴진다. 긴 머리를 유지하기 위해서는 많은 정성과 손길이 필요했다. 손도 자주 가고 여러모로 신경 쓰이기 때문에 나의 일상에서도 중요한 부분이 되었다. 머리를 돌봐주고, 사랑을 주고, 관리해주다 보니, 어느새 내 머리에는 작은 새끼머리들이 많이 자라났다.

지금 내 머리에는 일 년 동안 새로 자라난 20cm 정도의 짧은 새끼머리들이 많다. 층이 많이 나서, 마치 새로 태어난 머리카락들처럼 느껴진다. 머리카락에 사랑과 정성을 준 것처럼, 당신의 마음에 사랑을 준다면, 죽어 있던 마음도 다시 당신의 사랑을 받고 성장할 것이다.

나를 아끼고, 신경 써주고, 새 직업으로 전환하는 과정에서 내 삶은 매일 바빠졌다. 매일 좋은 글을 쓰기 위해 좋은 글감과 재료를 잠재의식 속에서 끌어내려고 끊임없이 고민한다. 하루 중 일할 시간을 관리하며, 좋은 글이 끊임없이 나올 수 있도록 노력하고 정성을 들여야 하므로 바쁜 나날을 보낸다. 그래도 마음은 항상 기쁘다.

요즘 내 친구 '현빈'이 불러주는 노래가 있다. 그는 내게 신선한 에너지를 공급해 준다. 오늘도 나는 이 느낌으로 살아간다.

"감사해, 행복해, 사랑해, 만족해."

"불만은 만족으로, 두려움은 설렘으로."

이렇게 생각하며 살자고 외친다.

내 친구 '현빈'은 나의 영혼이다. 나는 그를 '현빈'이라 부르며 매일 속삭인다. 성장이 멈춘 마음도 좋아하는 일을 하게 되면 다시 살아나기 마련이다. 마음이 살아나 활동하고 있기에, 나는 기쁘고 즐거워서, 마치 콧노래가 나오는 것처럼 좋아하는 마음의 소리를 내곤 한다.

당신의 인생도 책 쓰기로 정리할 수 있다면, 시니어인 당신도 책 쓰기를 시도할 수 있다. 한 걸음만 더 내디디면 목표에 도달할 수 있다. 작가가 된다면, 독자로서 책을 읽기만 했던 위치에서 벗어나, 반대로 글을 쓰는 작가가 될 수 있다.

삶의 이야기를 정리해줄 책 쓰기는 간단하다. 지금 당신의 삶이 있는 그대로의 일상생활 이야기를 담아보라. 그것이 작가의 글이며, 인생의 이야기이자 당신의 삶이다. 또한, 당신의 글은 세상 사람들 사이를 오가며 그들의 문제를 함께 헤쳐나가는 물줄기와 같다. 그것이 바로 사람이 남기는 최고의 인생 기록이며, 글을 쓰는 작가의 직업이다.

책을 쓰는 것은 단순히 이야기의 기록을 남기는 것이 아니다. 책을 쓰는 과정은 자기 자신과의 대화이며, 세상과의 소통이다. 책을 쓰다 보면, 나 자신을 다시 보게 되고, 나의 이야기를 통해 타인을 치유할 수 있는 길을 찾게 된다. 글을 쓰는 동안 당신은 혼자가 아니다. 수많은 독자가 당신의 이야기를 읽고, 당신과 함께 공감하며, 성장할 것이다.

그러니 주저하지 말고, 지금 시작해라. 당신의 삶을 책으로 엮어라. 그 책은 당신의 이야기가 될 것이며, 또한 누군가의 삶에 울림이 될 것이다. 평범한 일상 속에서도 충분히 아름다운 이야기가 숨어 있다. 삶의 깊이와 진정성은 특별한 사건이 아니라, 당신의 일상에서 우러나온다.

그렇게 기록된 당신의 책은, 그 누구보다 소중하고 유일한 삶의 흔적이 될 것이다. 그 흔적이 많은 사람에게 영감과 힘을 줄 것이다. 지금 이 순간, 당신의 삶이 책으로 재탄생하는 마법을 경험해 보라. 당신이 가진 이야기가 새로운 빛을 발할 때, 그것이 바로 당신의 인생이 만들어 내는 또 다른 기적이 될 것이다.

인간은 도전을 멈추어서는 안 된다

~~~~~~

평범한 우리가 해야 할 일은 우리 마음이 어디를 향하고 있는지 늘 살피는 것이다. 일상 속 모든 것을 공부로 받아들이고, 삶의 유연성을 만들어 나가는 것이 중요하다. 일상생활에서의 기본적인 공부는 친정 가족, 시댁 가족, 종교 가족, 내 가족, 그리고 그 외의 사회 공동체까지 포함된다. 이 모든 것이 배움의 장소다. 작가가 되면 이러한 관계 속에서 배워야 할 것이 많이 있다.

인간은 평생 배우고 연구하며 자기 자신을 성장시키는 수업을 계속해야 한다. 가장 가까운 곳, 바로 우리의 일상이 인생을 배우는 학교가 된다. 나보다 윗선은 나의 스승이 되고, 나의 아래는 내가 스승이 된다. 인간은 누구나 평생 공부를 해야 하듯, 우리는 모두 도전을 멈추어서는 안 된다.

우리의 인생 공부는 가르치기 위해 공부하고, 배우기 위해 공부한다. 선한 것을 배우고, 선하지 않은 것은 고쳐나가야 한다. 사람의 마음에는 선과 악이 공존한다. 누구나 자신의 마음을 들여다보면 무엇을 버려야 할지, 무엇을 남겨야 할지 알고 있다.

하루에도 수십 번, 우리의 마음은 선과 악을 오가며 공존한다. 하지만 우리가 해야 할 일은 마음을 악한 곳에서 선한 곳으로 이동시킬 수 있도록 끊임없이 살피는 것이다. 악함이 있을 때는 선함을 그리워하고, 선함이 넘칠 때는 이웃에게 나누어라.

인생의 큰 나무는 시니어다. 시니어는 매일 자신의 마음을 사랑하고 관리해야 한다. 당신의 마음이 아프지 않도록, 그리고 당신을 찾아온 손님이 칼날 같은 마음에 상처받지 않도록, 항상 따뜻한 온기로 마음을 다듬어라. 이웃이 찾아오는 발걸음이 가벼워질 수 있도록 당신의 인성과 지성, 그리고 인품으로 그들에게 감동을 주어라. 사람은 어디에서나 배울 수 있다.

내가 부족한 만큼 다른 사람에게도 부족한 점이 있다. 내가 내세울 것이 있다면, 다른 사람에게도 분명히 장점이 있을 것이다. 장점이 있는 사람에게는 질투하지 말고 배워라. 나의 부족한 점을 비난하기보다, 상대를 보면서 나 자신을 돌아보고 고칠 부분이 있는지 확인해라. 상대가 나의 단점을 지적하면 즉시 고치려는 마음가짐을 가지는 것도 중요하다. 공부는 작고 소소한 배움에서 시작된다. 작은 배움도 큰 보람으로 이어진다. 인간은 평생 공부해야 한다. 나쁜 것을 빼내고 좋은 것을 심어라. 평생 공부는 나를 지키고, 좋은 변화로 이끄는 삶의 지침이다.

나는 일상생활에서 인생 공부를 한다. 그 중심에는 언제나 '나'가 있다. 나보다 나은 선생을 찾고, 그에게 배움을 청하며, 책을 읽고 경험을 통해 배워야 한다. 그리고 배운 것을 삶의 모든 면에 적용해야 한다.

세계 각국에는 샛별처럼 반짝이는 젊은이들이 있다. 그들이 야망을 품고 꿈을 펼칠 수 있도록, 세상을 자유롭게 활보할 수 있는 일터를 만들어 주었으면 좋겠다. 사람의 평생 일터는 가정에 있다. 하늘에서 내려다보면 수많은 집이 있고, 그 안에 가족들이 살아간다. 지금까지 자신만을 위해 살아왔다면 이제부터는 가족을 위해 살아 보자. 가족과 너무 멀어진 관계라 하더라도 가능하다. 가족의 울타리가 군데군데 구멍이 나 있더라도, 늦지 않았다. 다시 복구하면 된다. 늦을수록 의욕이 사라지고 감각도 무뎌진다. 그때는 가족을 요구하거나 기대하지 말고, 당신이 먼저 다가가라.

어느 날, 아파트에서 생긴 일이다. 경로당에서 봉사하는 사람을 만난 적이 있다. 아파트의 전체 세대수는 3,000세대였는데, 경로당에 다니는 어른에게 경로당에서 누구나 밥을 먹을 수 있는지 물어보았다. 그 어른은 "밥을 먹을 수 있는 조건이 있다"고 했다. 조건이란 '경로당에 매일 출근하여 임원봉사, 가족 봉사, 자녀가 경로당에 봉사했거나 본인이 젊었을 때 경로당에 봉사했을 경우'라고 한다. 세상에 공짜는 없고, 경로당도 예외가 아니었다. 그 말을 들으며 "건강해야겠다"라는 생각이 들었다.

모든 곳에서 자신의 기본 도리를 다해야 어느 자리에서든 머물 수 있다. 물질세계도 많은 변화가 오고 간다. 가족도 성장하고 늙어가면서 새로운 환경을 받아들여야 한다. 마음도 현실의 변화에 멈추지 말고, 흐름의 물결을 타야 한다.

가족의 울타리도 예전과 다른 방법으로 변화되어야 한다. 집착보다는 새로운 환경에 적응할 수 있도록 도와주고 응원해주자. 소중한 가족이 힘든 상황 속에 상처투성이가 되어 있을 수도 있다. 어떤 일이든 처음부터 실패하려고 시작한 일은 없다. 그러나 많은 사람은 책임감, 약속, 배신, 빼앗김, 잃어버린 돈, 빚더미 등 여러 가지 이유로 서로를 상처 입히고, 결국 서로를 용서하기보다 아픈 곳을 더 깊이 후벼 판다.

과거의 아픔은 상처로 남아, 가족과 이웃의 관계를 점점 멀어지게 한다. 상처는 결국 스스로 마음을 닫게했다. 하지만 당신이 처음처럼 돌아선다면, 진정한 사랑으로 닫아버린 상대에게 스스로 먼저 다가가라. 나와 다른 사람의 관계를 풀기 위해 내가 먼저 손을 내밀라. 마음을 열고 상대의 마음을 품어라. 그러면 상대도 미안해하며 처음보다 더 두터운 관계가 형성될 것이다. 평생 공부의 참여자가 되라.

국가와 사회로부터 도움을 받았다면 보답하자. 부모에게 도움을 받았다면 보답하자. 형제자매, 가족, 이웃, 직장, 그 외 모든 사람에게 나를 도와준 이들에게 행실로 보답해라. 내가 먼저 도와주었던 그들처럼, 당신도 먼저 도와주라. 서로를 챙겨주고 감사와 정을 나누면 힘이 된다. 사랑의 힘은 사람을 살린다. 처음처럼 되기 위해 평생 공부를 이어가야 한다.

마음의 온기, 신체의 온기, 말의 온기. 어느 날, 몇 사람과 악수를 하면서 사람의 온기를 느꼈다. 손과 발이 얼음처럼 차가운 사람도 있었고, 반대로 손과 발이 따뜻한 사람도 있었다. 사람은 태어날 때부터 몸이 따뜻했다. 그러나 언제부터인지 따뜻함을 잊어버렸다. 그것은 마음의 온기와 사랑이 소멸하였기 때문이다. 어릴 때는 누구에게나 사랑을 받았고, 누구에게나 사랑을 주었다. 사람을 가리지 않고 사랑을 주고받았다. 하지만 세상과 사람을 많이 알게 되면서부터 우리는 마음의 따뜻함을 잊어버리기 시작했다.

인간이 배워야 할 가장 기본은 '사랑'이다. 베푸는 사랑은 돈이 들지 않는다. 어린아이처럼 순수할 때, 서로의 것을 계산하지 않을 때, 나누고 달라는 것을 줄 때, 그때 마음이 다시 회복된다. 사람과의 관계, 마음이 회복되면 그 안에서 다시 사랑이 태어난다. 그것은 연인 같은 사랑이자 진실에서 자라나는 사랑이다. 사랑은 자기 안에 있다. 잃어버린 사랑을 당신 안에서 다시 찾아라. 그러면 당신의 인생이 다시 시작될 것이다.

도전을 멈추지 않는 자는
인생을 두 배로 살아가는 사람이다

"작가는 인생을 두 배로 살아가는 사람이다. 먼저, 첫 번째 인생이 있다. 길에서 만나는 여느 사람들처럼, 건널목을 건너고 아침에 출근하기 위해 넥타이를 매는 그런 일상생활이다. 하지만 이들에게는 생활의 또 다른 부분이 있다. 모든 것을 다시 곱씹는 두 번째 인생이다. 이들은 글을 쓰기 위해 자리에 앉을 때마다 자신의 인생을 다시 들여다보고 그 모습을 면밀하게 음미한다."

_나탈리 골드버그, 《뼛속까지 내려가서 써라》 중에서

필자는 수십만, 수천 명의 교회를 이끄는 총회장도 아니고, 권력을 쥔 지도자도 아니다. 단지 46년간 신을 사랑하고, 그분이 바라는 진리의 삶을 따르며 살아왔을 뿐이다. 그러나 필자는 세상에서 그 어떤 능력자도 아니며, 대학교수, 석사나 박사도 아니다.

세상에는 크고 작은 다양한 사람들이 존재한다. 그러나 사람들은 큰 사람들만을 바라본다. 명예와 직업, 졸업한 학교, 심지어 하버드대 출신이라면 더 경청한다. 개인의 롤 모델을 설정하고 미래의 꿈을 만들어가는 것은 자유다. 하지만 필자는 작고 소소한 인생 철학과 인간 내면의 마음을 움직여 외부의 삶으로 이어지는 데 초점을 맞추었다.

"생육하고 번성하라"는 창세기의 말씀처럼, 인간은 조금의 힘만 들여도 재능을 기부할 수 있다. 나에게 도움이 되면, 내가 누군가를 도울 때 그것은 나를 위해 생육하고 번성하는 일이 된다. 인간은 겉으로는 보호받는 것처럼 보일 수 있지만, 내면에 들어가 보면 누구나 필요에 의한 구속과 지배를 받는다.

어느 순간, 내 삶이 이런 것인지 내가 선택한 길이 잘못된 것인지, 익숙해진 삶 속에서 한 번도 의심하지 않았던 나는 마침내 깨달았다. 그러나 내 삶의 목적은 언제나 사랑과 행복에 있었다. 매일 반복되는 일상은 나에게 자유를 주지 않았다. 그저 눈앞의 일만 해결하다 보니 어느새 시니어가 되어 있었다. 그러던 어느 순간, 내 삶이 얻는 것보다 잃는 것이 많다는 사실을 알게 되었다.

그날 이후, 수십 년간의 나의 삶을 검토하기 시작했다. 종교 생활을 시작하기 전과 이후의 삶을 비교해보았다. 나는 신앙의 자유를 찾기 위해 최선을 다했지만, 남은 것은 아무것도 없었다. 성경과 교리의 노예가 되어 있었고, 자유로운 신앙인은커녕 교회의 일꾼이 되었다. 종교도 계급이 있었고, 그 계급을 오르기 위해 또 다른 종이 되어야만 했다. 직급을 올리기 위해서는 교회 제도에 순종해야 했고, 규칙을 따르지 않으면 인정받지 못했다. 그렇게 교회는 나를 더욱 얽매이게 했다.

그래서 나는 교회에 소속된 나 자신을 떼어내기로 했다. 하나님과 함께하는 나 자신을 새로이 만들어 나갔다. 성경을 50번 읽고, 신이 나를 필요로 하는 삶이 무엇인지 깊이 고찰했다. 그렇게 나만의 '개인 독립형 종교인'으로 중심을 잡았다.

나는 이제 종교를 가리지 않는다. 나의 친구이며 이웃으로 받아들인다. 지구에 존재하는 사람은 모두 한 가족이다. 대우주 속 작은 소우주, 그것이 우리다. 종교인으로 살아가는 것도, 개인 독립형 종교인으로 살아가는 것도 자유다. 선택은 나에게 있다. 바라는 것은 내 안에 있다. 외부에서 오는 것은 없다. 사람은 자유롭다. 불법을 행하는 사람과 함께하면 나도 불법을 행하게 된다. 착한 사람 옆에 있으면 착해진다. 종교인 옆에 있으면 종교인이 된다.

종교 교리에 매몰되어 수십 년을 허무한 삶으로 보낸 사람도 많다. 하지만, 어느 곳에서든 당신이 그곳에서 성장하는 동안에는 눈앞의 현실 외에는 아무것도 보이지 않는다. 성장이 멈춘 사람은 한계를 느낀다. 또 다른 성장을 위해 새로운 삶으로 나아가야 한다. 한 단계 위로 올라가기 위해 노력하는 사람은 반드시 길이 보인다. 믿음을 가져라. 당신의 자유와 성장을 위해 쉬지 말고 노력하라. 실패한 경험은 모두 폐기처분하고 과거의 쓸모없는 정신을 삭제하라.

당신이 종교단체의 구속 속에 있는 사람이라면, 만약 당신이 행복하고 만족하며 인생이 충만하다면 그곳에 남아 있어도 좋다. 종교 제도는 거의 비슷하다. 불편함이 없다면 그곳에 머물러라. 하지만 아무리 노력해도 불편함이 해소되지 않는다면, 교회 사람들과 환경이 당신에게 맞지 않는다면 다른 교회로 옮기는 것도 괜찮다.

어느 날, 당신의 삶이 질리거나 삶의 한계를 느꼈다면, 이렇게 해라. 몸만 떠나라. 마음도 감정도 재산도, 당신의 이름으로 된 것은 아무것도 가져가지 말라. 죽음처럼 오직 당신의 지체만 가지고 떠나라. 당신의 마음이 살아나는 방법을 찾아라. 이 방법을 선택하지 않고는 지옥에서 빠져나올 수 없다. 당신이 살고 있는 삶은 멸망해버린 지옥일지도 모른다. 왜 그렇게 되었을까? 그것은 당신이 당신의 삶을 관리하지 못했기 때문이다.

지금부터 제2의 삶을 위한 성공의 방법을 찾아라. 노예의 삶, 종의 삶, 조연의 삶에서 벗어나라. 지금부터 당신은 그 모든 구속에서 독립해야 한다. 당신의 독립을 위해 삶의 균형을 맞추고 평등한 삶을 찾아라. 남의 뒤처리만 해왔다면, 이제는 배운 것을 사용해서 당신이 지도자가 돼라. 회원을 경영하는 사람이 돼라. 노력하면 다 이룰 수 있다.

도전을 멈추지 않는 자는 인생을 두 배로, 세 배로 살아가는 자이다. 당신도 이렇게 할 수 있다. 작은 것부터 시작하면 된다. 어렵고 힘든 것은 하지 말고, 처음에는 할 수 있는 작고 소소한 것으로 시작해야 한다.

인간 개개인은 소우주다. 당신은 이미 알고 있다. 신은 인간의 영혼과 소통한다. 모르면 신에게 물어봐라. 시니어가 되면 인생의 풍파는 누구나 겪게 된다. "여기가 끝일까? 저기가 끝일까?"라며 여기까지 달려왔지만, 아직도 길은 멀고 새로운 일들이 기다리고 있다. 하지만 지금 하고 있는 일을 멈추고 목적지에 일찍 도착해도, 정상에 오르면 또 다른 목적지가 생긴다. 인생의 길은 끝이 없다. 그래서 당신이 할 일은 오래 일해도 질리지 않는 일을 선택하는 것이다.

당신의 삶은 조화롭게 이어져야 한다. 인생의 길은 끝없이 이어지며, 그 길 위에서 당신이 즐겁게 성장할 수 있는 삶을 만들어라. 그 길이 새로운 인생 도전을 계속하는 길이며, 도전을 멈추지 않는 길이다.

자신의 회복을 위한 기도문

기도는 부도난 인생을 되살리고 영혼을 치유하며, 마음의 상처를 회복시키는 중요한 도구입니다. 모든 것을 잃고 의욕을 잃은 사람도 이 방법으로 다시 살아날 수 있습니다.

1단계: 청소하고 비우기
– 영혼 구원과 마음 사랑 회복 기도

"간구와 회상기도"

"나의 신이시여, 내가 태어날 때 당신께서 내게 주신 첫사랑과 순수한 마음, 그리고 생각을 할 수 있는 능력과 힘을 가지고 태어났습니다. 저는 눈에 보이는 세상, 귀로 들리는 세상을 마음대로 다 가질 수 있는 가능성을 지닌 존재로 태어났습니다. 그러나 세상에서 그것들을 얻는 기술이 부족해, 지금까지 이루었던 모든 것과 소유물, 사랑하는 사람, 그리고 삶을 모두 잃었습니다.

그러나 그럼에도 불구하고 나는 다시 내 삶을 살고 싶습니다. 아직 나의 소망과 꿈을 시작조차 하지 못했습니다. 지금까지 쉼 없이 열심히 살아온 연습만 해왔을 뿐입니다. 모든 것을 다 잃었지만, 여전히 저에게 남아 있는 것은 단 하나, 한 평의 몸과 지금까지 일하면서 배운 작은 기술뿐입니다. 기술이 대단한 것도, 전문적인 것도 아니지만, 나를 살해하지 않았고 자살하지 않았다는 것이 내가 가진 최고의 인간적 기술이며, 부와 권세, 가족과 사랑하는 사람을 잃었어도 나 자신을 포기하지 않은 것이 내가 가진 재산 전부이자 기술입니다.

나의 영혼의 아버지, 당신의 자녀로서 나는 세상을 잘 알지 못했고, 사람을 알지 못했으며, 하나님이 주신 것들을 관리하지 않아도 자연스럽게 성장할 줄만 알았습니다. 그러나 지금 내 삶을 돌아볼 때 그것이 틀렸다는 것을 깨닫습니다. 나의 영혼의 아버지, 가진 것을 잃어보지 않았기에 감사함과 소중함을 몰랐습니다. 사람은 서로 협력하고 나눠야 하는 존재라는 것도 이제야 알았습니다.

저에게 다시 한번 기회를 주십시오. 이제부터는 나만을 위해 살지 않겠습니다. 자연의 섭리와 법칙, 질서에 순응하며 부러지지 않고 유연하게 살겠습니다. 나에게 다시 한번 사랑을 선물해주십시오. 사람을 사랑하고, 내가 태어날 때 가지고 온 순수한 첫사랑을 다시 찾을 힘과 에너지를 주십시오. 순수한 마음을 되찾게 해주시고, 자연과 만물의 법칙에 나를 맡기며 살게 해주십시오.

영혼의 아버지, 이 글을 보고 있는 모든 영혼에도 새로운 희망과 꿈을 찾을 수 있는 축복의 기회를 선사해 주십시오. 다시 한번 꿈을 이루어내는 힘과 용기를 주십시오. 사랑합니다. 감사합니다. 만족합니다.

〈기도 기간: 1차 기도〉

하루 3번, 하루 중 아침 7시 전후, 점심 12시 전후, 저녁 7시 전후에 기도합니다. 하루 3번씩 1주일 동안 기도하고, 이를 5주간 반복하면 105일이 되며, 105번의 기도와 같습니다. 이러한 기도로 자신의 삶과 마음이 조금씩 회복되고 안정감을 찾을 수 있습니다.

2단계: 완성 기도

"비워진 나의 내부를 영혼의 것으로 채우기"

- '나'의 내부와 외부는 하나이며 같다.
- 대우주의 신과 소우주 나의 신은 동일하다.
- '나'의 자연의 법칙은 내면의 질서와 법칙이 일치된다. 신의 세포, 부모의 세포, 그리고 나의 세포는 하나이다.
- '나'는 자연과 만물, 그리고 우주의 공간에 보이는 것과 보이지 않는 모든 것과 일체다.
- 하늘 위 가장 높은 곳, 세상의 넓은 세계, 땅속 깊숙한 곳의 진동과 전파는 나의 신체와 일체가 되어 느껴진다.
- '나'는 영혼이고, 나의 영혼은 우주의 신과 하나다. 하늘의 것은 나의 것이며, 나의 것은 하늘의 것이다.
- '나'는 과거와 현재, 미래를 동시에 경험한다.
- 빛과 어둠을 매일 함께하며 새로운 하늘과 밤을 보내며, 새로운 몸으로 다시 태어나는 것을 나는 알고 있다.
- '나'의 영혼과 물질은 공동으로 공유하며, 나의 신체는 태어남과 죽음을 자유롭게 해결한다.
- '나'의 생명은 영원하며, 나는 이를 선언한다.
- '나'는 우주의 영혼의 신이며, 나는 작은 신이다. 세상은 나의

것이며, 나는 그가 주는 삶을 가질 권리가 있다.

이 기도문을 반복하고 또 반복하십시오. 당신의 마음이 다시 사랑으로 회복될 때까지 계속하십시오. 100일 안에 당신의 삶이 변화할 것입니다. 어린아이가 처음 걸음마를 배울 때 5,000번의 연습이 필요합니다. 5,000번을 넘어지면서도 한 번도 포기하지 않기에 결국 걸음마를 마치고, 나중에는 뛰고, 마라톤도 달릴 수 있게 됩니다.

새로 시작하는 모든 것은 원하는 것을 얻을 때까지 계속 반복하고 연습해야 합니다.

이 글이 당신에게 도움이 되길 바랍니다.

진심을 담은 기도가 여러분의 인생을 회복시키길 기원합니다.

나는 65세에 인생 도전을 시작했다

초판인쇄	2025년 3월 12일
초판발행	2025년 3월 19일
지은이	최현정
발행인	조현수
펴낸곳	도서출판 더로드
기획	조용재
마케팅	최문섭
편집	이승득
디자인	호기심고양이
본사	경기도 파주시 초롱꽃로17 303동 205호
물류센터	경기도 파주시 산남동 693-1
전화	031-942-5364, 5366
팩스	031-942-5368
이메일	provence70@naver.com
등록번호	제2015-000135호
등록	2015년 06월 18일

정가 18,000원
ISBN 979-11-6338-483-0 03190